뉴미디어와 콘텐츠의 결합

대중문화 트렌드
2018

뉴미디어와 콘텐츠의 결합

대중문화 트렌드

2018

강일권 · 권석정 · 차우진 · 정덕현 · 모신정 지음

뉴미디어와 콘텐츠의 결합이 낳은 지각 변동은 어디까지?

마리북스

뉴미디어는 활용하는 사람의 것이다

2017년 K팝의 역사를 새롭게 써나가고 있는 아이돌그룹 방탄소년단의 세계적인 행보가 연일 이슈다. 최근 몇 년간 K팝이 빌보드 차트에서 높은 순위를 차지하는 경우는 있었지만, 미국의 유명 토크 프로그램에 초대되고, 영국 BBC 방송에서 다큐까지 제작한다면 예사로운 반응이 아니다. 이러한 방탄소년단의 세계적인 성공에는 여러 가지 요인이 있겠으나 '뉴미디어'를 빼놓을 수가 없다. IT를 기반으로 하는 한국의 뉴미디어 환경과 그 활용도가 세계적인 수준에 이르렀음을 증명하는 것이기도 하다.

지금 한국의 대중문화업계에서는 뉴미디어로 인한 이변이 곳곳에서 일어나고 있다. 산업적으로 뉴미디어와 콘텐츠의 결합이 낳은 엄청난 지각 변동이 시작된 것이다. 특히 음악산업 분야에서는 2017년을

'뉴미디어의 원년'이라고 불러도 좋을 정도로 이변이 계속되고 있다. SNS라는 개인 플랫폼이 기존 음악산업의 기반에 균열을 일으키며 창작, 소비, 마케팅의 전반을 뒤흔들고 있는 것이다. 여기에 인공지능의 등장은 음원시장의 새로운 변곡점을 예고한다.

방송 콘텐츠에서도 이제는 일반인도 뉴미디어로 영상을 쉽게 만들고 송출할 수 있게 되면서 잠재적인 연예인이 되는, '대중이 주인'이 되는 방송 시대로 나아가고 있다. 영화업계에서는 올레 TV나 넷플릭스 같은 새로운 플랫폼이 등장하면서 더 이상 극장에서 영화를 보는 시대가 지났음을 알린다.

4차 산업혁명은 기술의 변화에 민감한 대중문화와는 불가분의 관계다. 2017년 한국의 대중문화업계에서는 이미 그 커다란 용트림이 시작되었고, 무수한 분화를 거듭하고 있다. 《대중문화 트렌드 2018》의 핵심 주제를 '뉴미디어와 콘텐츠의 결합'으로 정한 이유다. 뉴미디어는 활용하는 사람의 것이다. 그 결과는 누구도 예측할 수 없는 문화의 중심이 될 수 있다.

음악 미디어의 발달에 따른 음악산업의 변화

1부 '대중문화 K-POP 핫트렌드'에서는 뉴미디어가 가져온 가요계의 이변을 다룬다. 〈차트밖1위〉라는 새로운 채널은 인디뮤지션이었던 멜로망스의 '선물'을 단번에 음원 차트 1위로 올려놓았다. 박원의 'All Of My Life'는 '메이크어스'라는 뉴미디어 방송이 있었기에 좋은 음원 성적을 낼 수 있었다. 하지만 그 출발은 '음악 자체'다. 헤이즈의 '비도 오고 그래서', 윤종신의 '좋니' 같은 노래는 '외워서 따라 부르고 싶은 노래'라서 차트의 반란자가 될 수 있었다. 이는 뉴미디어 시대일수록 콘텐츠 자체는 '사람의 마음을 움직이는 것'이어야 한다는 역설을 보여준다. 가사가 되었든 멜로디가 되었든 좋은 음악이 뉴미디어와 만났을 때 비로소 폭발력이 생기는 것이다.

이에 음악 미디어의 발달에 따른 음악산업의 변화를 짚어보았다. 19세기 레코드의 등장은 그 이전까지만 해도 공연장에 가서 듣던 음악을 집에서 들을 수 있게 했고, 워크맨과 MTV는 '혼자서 듣고 보는 음악'을 가능하게 했으며, 인공지능은 음악을 듣는 연령층과 장르를 더욱 다양화한다. 이런 변화에 따라 엔터테인먼트 기업과 기술 기업의 결합이 발 빠르게 진행되고 있다. SM엔터테인먼트와 SKT, YG엔터테인먼트와 네이버가 대표적이다. 음악은 감성과 이성이 결합된 콘텐츠로 인공지능을 가장 인간답게 만드는 촉매제다. 그러므로 앞으로의 시대에서 음악과 음악의 메타데이터들은 더욱 중요한 위치에 놓이게 될 것이다.

'대중이 주인'이 되는 리얼리티 방송의 시대

II부 '대중문화 방송 콘텐츠 핫트렌드'에서는 뉴미디어가 낳은 방송 환경의 변화를 다룬다. 이제는 누구나 SNS를 통해 자신의 관심사와 일상을 공유하는 '투명사회'가 되었다. 타인의 일상을 공유하며 '그들도 나와 다르지 않다'는 공감의 힐링을 느낀다. 〈효리네 민박〉〈한끼줍쇼〉 같은 리얼리티 프로그램은 이런 대중의 심리를 반영하며 '대중이 주인'

이 되는 시대를 예고한다.

뉴스의 역할도 달라졌다. 스마트폰으로 일반인도 실시간으로 사회 현안과 이슈를 공유하는 세상이다. 이에 '정보 전달'을 목표로 하던 뉴스에서 '선택과 집중'을 요하는 심층 뉴스의 시대가 되었다. 〈뉴스룸〉이 그 새로운 뉴스 시대의 개막을 알렸다. 세월호 사건과 최순실 사태 때 〈뉴스룸〉이 보여주었듯이, 이제는 '관점'이 살아 있는 뉴스를 전달해야 한다.

뉴미디어의 등장은 선호하는 드라마 장르도 바꾸어놓았다. 가족이 거실에 모여 다 같이 보던 가족 드라마, 멜로드라마에서 혼자 집중해서 보아야만 맥락을 알 수 있는 장르 드라마 전성시대가 되었다. 〈비밀의 숲〉 〈피고인〉 〈군주〉 등이 대표적이다. 다양한 디바이스로 언제 어디서나 혼자서 집중해서 볼 수 있는 미디어 환경이 갖추어졌기 때문이다.

'장르 드라마'가 급속히 늘어난 데는 2016년 말의 '박근혜·최순실 국정농단' 사태에서 2017년 들어선 새 정부의 '적폐 청산'으로 이어지는 사회 분위기도 한몫을 차지한다. 대중문화는 사회 현실과 분리해서 생각할 수 없기 때문이다. 현실을 타개하고 싶은 열망은 '타임 리프'와 '욜로 청춘'을 담은 〈쌈, 마이웨이〉 〈자체발광 오피스〉 같은 드라마로도 만들어졌다.

이러한 사회 변화는 인문학 열풍으로도 이어졌다. 그동안 인문학은 쓸데없음의 세계로 치부되어왔지만, 인문학의 이 '쓸데없음의 세계'야말로 인간의 사고와 능력을 무한대로 확장시켜주는 것이다. 〈알아두면 쓸데없는 신비한 잡학사전〉〈차이나는 클라스〉 등은 '지식의 스낵 컬처' 현상으로 인문학을 대중에게 쉽게 다가가게 했다.

다양한 방식으로 영화를 즐기는 세상

Ⅲ부 '대중문화 영화 핫트렌드'에서는 올레 TV, 넷플릭스 등 새로운 플랫폼의 등장으로 한국 영화산업의 지형도가 어떻게 바뀌고 있는지를 살펴본다. 영화를 더욱 다양한 방식으로 즐길 수 있게 되면서 관객 수 자체가 줄었다. 그러다보니 제작자는 관객들의 시선을 끌기 위해 볼거리가 풍부한 범죄 액션이나 스릴러에 집중하고, 캐릭터 중심의 스토리텔링에 공을 들인다. 이는 글로벌 플랫폼들과 경쟁해야 하는 지금 상황에서 한국 영화의 기반이자 경쟁력으로 주목받는 요소이기도 하다.

이러한 맥락에서 2017년에 특히 주목받았던 영화 세 편, 〈범죄도시〉〈택시운전사〉〈아이 캔 스피크〉의 성공 요인을 영화 현장의 목소리를 빌려 짚어보았다. 그리고 그 영화의 주역들인 영화배우 이제훈과 송강호, 장훈 감독의 인터뷰를 통해 영화의 탄생 과정과 흥행 배경, 연기관 등을 들어보았다. 관객이 이들 영화를 선택한 데는 분명 이유가 있을 것이다.

부록에서는 5대 투자배급사에서 내놓은 2018년 영화 라인업을 한눈에 볼 수 있게 담았다. 스릴러, 코미디, 첩보물, 전투 액션, 휴먼 드라마 등 다양한 장르의 영화가 포진되어 있는 게 눈에 띈다.

이처럼 대중문화 전반에서 뉴미디어의 등장은 대중의 삶을 더욱 촘촘하고 내밀하게 '개인화'하고 '다양화'하면서 많은 이변을 일으키고 있다. 지금은 그 시작에 불과하며, 뉴미디어와 대중문화 콘텐츠의 결합이 만들어내는 지각 변동은 어디까지일지 쉽게 상상이 가지 않는다. 분명한 것은 앞으로 대중문화가 더욱 중요한 위치에 놓이게 될 것이라는 점이다.

2017년 12월
저자 일동

차례

I부

대중문화 K-POP 핫트렌드

'음악'과 '뉴미디어'의 시너지가 낳은 지각 변동

대중문화 방송 콘텐츠 핫트렌드
'대중이 주인'이 되는 리얼리티의 시대

대중문화 영화 핫트렌드
다양한 방식으로 영화를 즐기는 시대

I부

대중문화 K-POP
핫트렌드

`음악`과 `뉴미디어`의
시너지가 낳은 지각 변동

워너원,
아이돌그룹 팬덤의 최대치를 끌어내다

2017년 가요계의 가장 큰 이슈는 워너원 열풍이라고 할 수 있다. Mnet 예능 프로그램 〈프로듀스101-시즌 2〉에서 선발된 11인조 보이 그룹 워너원은 데뷔 후 갖가지 진기록을 세우며 유사 이래 가장 빠른 속도로 정상급 아이돌 자리에 올랐다. 기록 하나하나가 어마어마하다.

신인가수 최초로 2만 명 규모의 유료 데뷔 쇼케이스 개최, 데뷔 앨범 선주문 50만 장 돌파, 음원 차트 줄 세우기, 유료 팬클럽 10만여 명 가입 등 모든 것이 처음 보는 기록이다. 여기에 광고 계약, 유가 화보 등도 천문학적인 개런티를 받은 것으로 알려져 있다. 이외에도 멤버 개개인이 예능 및 CF 시장을 장악해나가고 있다. 이것을 돈으로 환산하면 '얼마를 버느냐'를 최고의 미덕으로 여기는 국내 가요계에서 최고의 이슈라고 말할 수 있는 것이다.

〈프로듀스101-시즌 1〉은 일본의 AKB48 총선거 방식을 차용한 걸그룹 선발로 시작해 아이오아이I.O.I를 비롯해 여러 스타를 배출하며 성황리에 막을 내렸다. 아이오아이 출신들은 위키미키, 구구단, 프리스틴 등의 걸그룹으로 데뷔했고 세정, 청하 등은 솔로 활동으로 주목받았다. 소미, 채연(다이아), 소혜 등은 혼자서 예능과 CF에 얼굴을 비치는 등 거의 멤버 전원이 골고루 사랑받았으며, 아이오아이에 뽑히지 못한 다른 여자 아이돌들도 잠시나마 미디어의 주목을 받았다.

이처럼 시즌 1이 성공했는데도 워너원의 성공을 점친 이들은 그리 많지 않았다. 〈프로듀스101〉이 시즌 2에 돌입한다고 했을 때 업계 대부분의 사람들은 비관적인 시선을 보냈다. 프로그램 기획 단계에서 남자 아이돌 기획사들이 제작진의 출연 제의를 꺼렸을 정도다.

걸그룹은 일반 대중, 보이그룹은 특정 팬덤

/

걸그룹을 대상으로 성공했던 〈프로듀스101〉이 보이그룹을 소재로 제작했을 때 성공하리라는 법은 없었다. 오히려 많은 이들이 우려의 시선을 보냈다. 그럴 만한 이유가 있었다. 보통 아이돌그룹을 제작할 때 걸그룹은 '일반 대중', 보이그룹은 '특정 팬덤'을 수요로 삼는다. 트와이스 노래는 누구나 알아도 방탄소년단 노래는 팬들 외에는 잘 모르는 것이 그러한 이치다. 이와 마찬가지로 걸그룹의 서바이벌은 남녀노소 시청자가 보기에 무리가 없지만, 보이그룹을 뽑는 경연

2017년 최고의 아이돌 스타 워너원. 〈프로듀스101-시즌 2〉는
한국 보이그룹 팬덤의 최대치를 이끌어냈다.

이라면 특정 여성 시청자에게만 어필할 것이라는 게 업계의 중론이었
다. 〈우정의 무대〉와 비슷하지 않겠느냐는 우스갯소리도 있었다. 기존
의 보이그룹 선발 프로그램인 Mnet 〈소년24〉의 실패도 그 우려에 한몫
했다. 하지만 이러한 우려가 무색하게 〈프로듀스101-시즌 2〉는 그야
말로 전대미문의 대성공을 거뒀다.

성공의 이유가 뭘까? 앞서 서술한 바와 같이 보이그룹의 수요는 특
정 여성 팬덤에 머물러 있었던 것이 사실이다. 이러한 한계를 딛고 〈프
로듀스101-시즌 2〉는 한국 보이그룹 팬덤의 최대치를 이끌어냈다. 코
어 팬덤인 10~20대 외에 30~40대 중장년층 팬덤까지 끌어안은 것이
다. 소녀 팬덤 외에 아줌마 팬덤까지 매료시켰다. 물론 여기에는 다수의

서바이벌 프로그램을 성공시킨 바 있는 Mnet의 노하우가 일조했다. 시청자들은 프로그램의 편집 방식을 비난하면서도 서바이벌에 지원한 남성 아이돌들을 열렬히 응원했다. 그리고 방송이 끝난 뒤에는 굳건한 팬덤으로 자리하며 워너원을 최고 인기 아이돌그룹으로 자리하게 했다. Mnet은 '아이돌판 버스커버스커', 아니 그 이상을 만들어낸 것이다.

워너원의 성공은 두 가지 관점으로 바라볼 수 있다. '유사 이래 가장 빠른 팬덤 구축', 그리고 '한국 남성 아이돌 팬덤의 최대치'를 이끌어낸 것이다.

현재 워너원은 국내 팬덤으로만 보면 엑소, 방탄소년단에 결코 뒤지지 않는다. SM엔터테인먼트가 워너원 때문에 엑소의 앨범 발매 일정을 조정할 정도이니 말이다. 엑소와 방탄소년단은 첫 앨범부터 잘된 것이 아니었으며 지금의 위치에 오르기까지 수년의 시간이 걸렸다. 두 그룹 모두 다수의 앨범을 발표하고 시행착오를 겪으면서 톱 아이돌의 자리에 올랐다. 더욱이 방탄소년단의 경우는 해외에서 인지도를 얻은 다음에야 비로소 국내에서도 인지도가 상승했다

하지만 워너원은 2017년 4월 〈프로듀스101-시즌 2〉 방송 이후 불과 몇 달 만에 어마어마한 팬덤을 거느린 매머드급 아이돌그룹이 됐다. 물론 워너원에는 뉴이스트 출신 황민현, 핫샷 출신 하성운 등의 중고 신인들이 있다. 하지만 이들조차 본격적인 팬덤의 유입은 〈프로듀스101-시즌 2〉부터였다.

멤버 모두가 각자의 팬덤을 가진 상태에서 출발

/

　　워너원이 한국 아이돌그룹 팬덤의 최대치를 이끌어낸 이유
는 무엇일까? 그 이유는 짧게 설명이 가능하다. 워너원은 처음부터 멤
버 열한 명 모두가 각자의 팬덤을 가진 상태에서 출발했다. 이렇게 멤
버 전원이 각자의 열혈 팬덤을 가지고 출발하는 아이돌그룹은 국내에
서 전무했다. 기존의 거의 모든 아이돌그룹은 흔히 '센터'라고 하는 주
요 멤버가 팬들의 덕질을 유도한 다음 주변 멤버에게까지 그것이 확대
되면서 팬덤을 늘려가는 방식이었다. 하지만 워너원은 최종 투표에서
1위를 차지한 강다니엘부터 11위 하성운까지 모든 멤버가 여타 보이그
룹 센터 못지않은 큰 인기를 누리고 있다.

멤버 각자의 팬덤을 가지고 출발한 워너원.

물론 이것이 장점만 있는 것은 아니다. 멤버별 팬덤 간의 대립이 발생한 것이다. 자연발생적으로 팬이 생긴 여타 아이돌그룹의 경우 팬들의 결집력이 매우 강한 데 반해 갑자기 뜬 워너원의 경우 각 멤버별 팬들이 분산돼 그들 사이의 분쟁을 피할 수 없었다. 이는 여러 논쟁을 낳기도 했다.

사실 워너원 이전에 남자 아이돌그룹 시장은 포화 상태였다. 엑소와 방탄소년단이 정점을 찍은 가운데 요 몇 년 동안 이렇다 할 신인 남자 아이돌그룹이 나오지 못하고 있는 상황이었다. 세븐틴 정도를 제외하고는 중소 기획사에서 내놓은 신인 아이돌그룹이 연달아 좋은 성적을 거두지 못했다. 업계에는 남자 아이돌에 대한 위기감이 감돌았다. 하지만 워너원의 성공으로 가요계는 단번에 신인 보이그룹 기근에서 벗어날 수 있게 됐다. 워너원에 뽑힌 열한 명 외에 〈프로듀스101-시즌 2〉 출신들이 대거 가요계에 출사표를 던졌기 때문이다. 뉴이스트W, 정세운, 사무엘, MXM 등이 신곡을 내고 음원 차트에 진입했다. 이외에 탈락자들끼리 뭉친 JBJ, 잘생긴 외모로 인기를 모은 주학년이 속한 더 보이즈 등이 데뷔하기 전부터 화제를 모으는 중이다.

이와 같은 '프듀 신드롬'을 가요계 '시장 확대'로 봐야 할까, 아니면 '시장 독식'으로 봐야 할까. 팬들과 업계의 시각은 크게 갈렸다. 팬들은 워너원을 비롯한 〈프로듀스101-시즌 2〉 출신들에게 무한한 애정을 보냈다. 팬심을 잠시 숨겼던 가정주부들까지 아이돌그룹 '덕질'에 나섰으니 어떤 면에서는 시장이 커졌다 할 수 있겠다. 하지만 업계에서는 제작진인 Mnet의 시장 독식을 우려했다. 한국매니지먼트연합과 한국음악콘텐츠산업협회, 한국연예제작자협회 등 세 단체로 구성된 음악제작사연합은 다음과 같은 성명을 발표했다.

"다양한 연습생들에게 공정한 기회를 주겠다는 취지와 달리 방송사의 수익 극대화에 초점이 맞춰져 있다. 방송사가 가진 공익성과 공정성은 훼손되고 불공정한 구조의 확장으로 음악산업의 위축을 불러올 것이다."

특정 미디어에서 기획사의 영역인 매니지먼트에까지 과도하게 관여하는 것을 비난하고 나선 것이다.

음악산업의 확대가 아니라 쏠림에 가깝다

/

워너원 열풍은 2018년 가요계에 어떤 변화를 가져올까? 아이돌그룹 제작이 늘어날 것은 기정사실로 보인다. 하지만 여기서 짚고 넘어가야 할 것은 워너원처럼 출발선에서부터 모든 멤버가 사랑받는 매머드급 신인 아이돌그룹은 전파를 장악하고 있는 방송사 없이는 절대로 만들 수 없다는 것이다. 때문에 가요 기획사들은 예능 프로그램과의 협력을 더욱 공고히 할 수밖에 없다. 최근 들어 SM, YG 등의 기획사들이 예능 PD 영입에 나서 직접 예능 프로그램을 만드는 것도 이러한 움직임의 일부라 할 수 있다.

한 가지 우려되는 점은 〈프로듀스101〉과 워너원의 성공으로 가요 주소비자들인 10대 청소년이 TV에서 아이돌을 보는 시간이 더 늘어날 것이라는 사실이다. 국내 방송사는 잘 되는 것만을 좇는 경향이 매우 강하다. 이미 〈프로듀스101〉의 영향을 받은 여러 프로그램이 론칭을 알린 상황이다. 몇 년 전 방송한 MBC 〈나는 가수다〉 같은 프로그램이 상대적으로 다양한 음악을 접하게 했던 것과 달리, 아이돌 오디션 프로그램은 아이돌 음악에 집중하게 만드는 결과를 낳을 것이다. 유사한 포맷의 프로그램이 많아질수록 TV는 더욱 아이돌에 집중하고 이를 접하는 청소년들이 협소한 취향의 음악 소비자가 될 가능성이 크다. 결과적으로 〈프로듀스101〉이 부추기는 것은 음악산업의 확대가 아니라 쏠림에 가까운 것이다. 이로 인해 가요시장이 양적으로는 더 커질지 몰라도 질적으로는 더 협소해질 위험이 있다.

방송사는 시청률이 필요할 뿐 국내 대중음악의 균형적인 발전까지 신경 쓰지 않는다. 2018년 방송계와 가요계는 이러한 위험성을 타파하는 방향으로 나아가야 할 것이다. 시청률이 높은 아이돌 서바이벌 프로그램만이 아닌, 전혀 다른 곳에서 스타를 발굴하는 프로그램이 더 큰 박수를 받아야 할 것이다.

차트 반란자,
'들어서 좋은 노래' '부르고 싶은 노래'로

2017년은 유난히 차트 이변이 많은 한 해였다. 기존의 차트 강자라 불리던 이들이 번번이 쓴잔을 마시는 가운데 전혀 예상치 못한 가수들이 차트 점령에 나섰다. 볼빨간사춘기, 헤이즈와 같은 신인급들이 오랫동안 1위를 지켰다. 또한 그레이, 그루비룸 등 새로운 프로듀서들이 차트를 점령해나갔으며 공중파 드라마가 아닌 웹드라마 OST가 새롭게 강세를 보였다. 차트 세대교체가 일어난 것이다. 대중은 더 이상 가수 이름값으로 음원을 구입하지 않았다. 팬덤이 크다고 차트에서 강세를 보이는 움직임도 적어졌다. '믿고 듣는 가수'라는 수식어를 맹신하지 않고 '들어서 좋은 노래' '부르고 싶은 노래'를 소비했다. 음원 차트 예측 불가능의 시대가 온 것이다.

절대 강자는 없었다. 이를 상징하는 사건을 하나 예로 들어보자.

2017년 9월 29일, 볼빨간사춘기가 아이유, 방탄소년단을 제치고 음원 차트 줄 세우기를 했다. 볼빨간사춘기의 '썸 탈꺼야'가 아이유의 '가을 아침', 방탄소년단의 'DNA' 위에 있었다. 인디레이블 쇼파르뮤직 소속으로 아직은 신인에 불과한 볼빨간사춘기가 한국에서 가장 큰 팬덤을 거느린 매머드급 아이돌그룹 방탄소년단, 그리고 JTBC〈효리네 민박〉으로 상종가를 치던 국민가수 아이유를 따돌린 것이다.

방송도 팬덤도 아닌 음악 자체의 힘

/

볼빨간사춘기의 음원 차트 줄 세우기는 한국의 음원 소비 트렌드가 바뀌었음을 강하게 보여주는 사건이라 할 수 있다. 한국의 음원 차트는 꽤 오랫동안 TV 예능 프로그램, 그리고 충성도 높은 아이돌그룹의 팬덤이 좌지우지한 역사를 가지고 있다. 인기 드라마 OST, 오디션 프로그램 경연곡, 그리고 수십만 명의 팬클럽을 가진 아이돌그룹이 음원 차트 줄 세우기를 하는 것이 일반화된 시장이었다. 어떤 관점에서 보면 특정 이슈에 휘둘리는 수동적인 음원시장이었다고 볼 수 있다. 하지만 여기에 변화의 조짐이 보이기 시작했다.

볼빨간사춘기는 EP〈Red Diary Page.1〉으로 음원 차트 줄 세우기를 하며 음원시장 최고 강자로 자리매김했다. 앞서 얘기했듯이 아이유, 방탄소년단을 제치고 1위에 오른 것은 꽤 상징적인 사건이라고 볼 수 있겠다. 볼빨간사춘기 음원 발표 직전 1위는 아이유였고 그 뒤를 방탄소년단이 따르고 있었다. 팬덤의 지분이 절대적인 방탄소년단이 팬덤과 대중의 지지를 골고루 받는 아이유를 이기지 못했고, 아이유와 방탄소년단에 비해 팬덤이 현저히 작지만 일반 리스너를 사로잡은 볼빨간사춘기가 아이유를 제친 것이다. 이것은 팬덤이 음원 차트를 좌지우지하던 시대가 저물어가고 있음을 보여주는 것이기도 했다.

볼빨간사춘기가 2016년 9월 '우주를 줄게'로 처음 1위에 올랐을 때까지만 해도 이와 같은 성공을 예측한 이들은 별로 없었다. 깜짝 1위를 하고 사라진 '원 히트 원더one-hit wonder' 가수가 어디 한둘인가? 하지만 볼빨간사춘기는 '우주를 줄게'의 뒤를 이어서 '좋다고 말해' '남이 될 수 있을까' 등 내놓는 곡들마다 1위에 오르는 기염을 토했다. 이외에도 차트 안에 여러 곡을 진입시켰다.

2017년 6월 14일 기준으로는 멜론 차트 100에 볼빨간사춘기 음원이 피처링 곡을 포함해 무려 아홉 곡이나 올라 있었다. 즉 음원 차트의 10분의 1을 차지한 것이다. 방송의 힘도, 팬덤의 힘도 아니었다. 대중의 귀를 사로잡은 음악의 힘이었다.

랩보다는 보컬로 대중에게 다가가다

/

볼빨간사춘기의 뒤를 이어 헤이즈도 새로운 음원 강자로 등극했다. 역시 신인에 불과한 헤이즈는 6월에 EP ⟨///(너 먹구름 비)⟩를 발표하고 여름 동안 차트 장기 집권에 들어갔다. 처음 1위를 차지한 것은 타이틀곡 '널 너무 모르고'였다. 아이돌그룹처럼 단번에 차트 1위에 오른 것이 아니었다. 이틀의 시간을 두고 서서히 1위로 올라갔다. 이후 비 오는 날에 맞춰 공개한 히든트랙 '비도 오고 그래서(Feat. 신용재)'가 장마철을 맞아 오랫동안 차트 1위를 지켰다. 이 노래는 근 한 달간 1위에 머물며 2017년에 가장 오랫동안 1위를 했다.

여성 래퍼들의 경연인 Mnet 〈언프리티 랩스타〉를 통해 이름을 알린 헤이즈는 이후 랩보다는 보컬을 통해 대중에게 다가갔다. 본격적으로 이름을 알리기 시작한 것은 2016년에 발표한 'Shut Up & Groove'와 'And July' 두 곡이었다. 트렌디한 R&B 스타일의 음악, 헤이즈가 가지고 있는 힙합 이미지, 여기에 음원 강자 딘DEAN의 피처링이 더해

새로운 음원 강자로 떠오른 헤이즈. 10대 사이에서 가장 인기 있는 스타일인
'힙합+R&B 계열 싱어송라이터'의 여성 버전이다.

진 이 두 곡은 차트에서 롱런했다. 이로써 헤이즈의 대중적인 인지도가 급상승하기 시작했다. 이어 '저 별'이 음원 차트에서 1위에 오르며 가요계에 파란을 예고했다. 이때까지만 해도 헤이즈의 인기를 의심하는 시선이 있었다. 하지만 '비도 오고 그래서'의 1위 장기집권으로 인해 대세임이 확실해졌다.

헤이즈는 최근 10대에게 가장 인기 있는 스타일인 '힙합+R&B 계열 싱어송라이터'의 여성 버전이라 할 수 있다. 이 계열의 남성 싱어송라이터인 자이언티, 크러쉬 등이 차트를 장악한 지는 이미 몇 년이 흘렀다. 2017년에는 그 여성 버전이라 할 수 있는 헤이즈, 수란이 음원 차트에서 강세를 보였다. 역시 깜짝 1위에 올랐던 수란의 '오늘 취하면 (Feat. 창모)(Prod. SUGA)'도 그러한 흐름 중 하나였다. 수란이 '여자 자이언티'라는 수식어를 얻었다면, 헤이즈는 '여자 딘'과 같은 포지셔닝을 했다고 말할 수 있겠다.

히트곡보다는 트렌디하고 세련된 음악으로 승부하다
/

볼빨간사춘기와 헤이즈가 물 위의 차트 강자였다면 딘, 그루비룸, 그레이 등은 물밑의 차트 강자였다. 프로듀서이자 싱어송라이터인 딘은 2017년 한 해 동안 멜론 차트 1~300위에 본인의 곡 및 참여곡 등 10여 곡을 롱런시키며 차트 강자의 입지를 굳혔다. 딘은 2017년에 앨범을 내지 않고 싱글을 몇 장 냈을 뿐 특별한 활동을 하지 않았는데도 이러한 수확을 거뒀다. 그는 2016년에 첫 EP 〈130 mood : TRBL〉를 발표하며 그해 최대어로 꼽혔다. 이 앨범에 수록된 'D(half moon) (Feat. 개코)'는 2017년까지 무려 2년 가까운 시간 동안 음원 차트 100위 안에 머물고 있다. 차기작에서 차트 줄 세우기가 기대되는 아티스트다.

그루비룸은 2017년 최고의 프로덕션 팀이었다. 박규정, 이휘민의 2인조 프로듀서 그룹인 그루비룸은 힙합과 메이저를 자유자재로 넘나들며 많은 히트곡을 만들어냈다. 그레이 역시 다양한 아티스트들과 작업하면서 음원 차트에 본인의 이름을 자주 올렸다. 그루비룸과 그레이가 기존의 인기 작곡가, 프로듀서들과 다른 점이라면 단순히 히트곡을 만들기 위해 노력한다기보다는 트렌디하고 세련된 음악을 하려 한

2017년 최고의 프로덕션 팀으로 힙합과 메이저를 자유자재로 넘나들며
많은 히트곡을 만들어낸 그루비룸.

다는 점이다. 이들은 기존 가요계의 히트 공식을 답습하기보다는 미국의 힙합, R&B의 세련된 어법을 탐구해 일반 대중, 마니아를 골고루 만족시킬 만한 음악을 만들어낸다. 이들은 박진영의 'JYP'처럼 자신들이 만든 노래의 도입부에 '그루비 에브리웨어' '그레이'와 같은 시그니처 사운드를 넣는다. 2017년은 길거리와 카페에서 이들의 시그니처 사운드가 무한반복된 한 해였다. 새로운 프로듀서 군단이 대세를 점한 것이다.

10대와 뉴미디어의 폭발적인 결합력

/

이들 외에도 10대가 주로 이용하는 코인노래방에서 꾸준히 울려퍼진 노래들과 웹드라마 OST도 차트 이변의 또 다른 주인공들이다. 그동안 잔잔한 계열의 음악으로 사랑받아온 윤종신 '좋니', 멜로망스 '선물', 박원 'All Of My Life', 황치열 '매일 듣는 노래', 치즈 '좋아해 (bye)', 정준일 '바램', 폴킴 '길' 등은 음원 차트와 함께 노래방 차트에서도 인기를 얻었다. 10대가 주로 이용하는 코인노래방에서 이들의 음악이 꾸준히 울려퍼졌다. '듣고 싶은 노래'이면서 동시에 '부르고 싶은 노래'인 것이다. 음악이 음원으로 빠르게 소비되는 시대에 외워서 부르고 싶은 노래였기에 꾸준히 사랑받았다. 코인노래방의 이용 빈도가 곧 음원 차트로 이어지는 움직임이 생겨났다.

2017년의 웹드라마 열풍을 선도한 〈연애 플레이 리스트〉(이하 〈연플리〉)의 OST 곡들 또한 음원 차트에서 강세를 보였다. 〈연플리〉는 공중파로 방송되지 않았는데도 10대 사이에서 폭발적인 인기를 모으며 뉴미디어 시대의 새로운 트렌드를 제시했다. 이 작품은 페이스북 등의 SNS를 통해 대중에게 빠르게 퍼져나갔다. 이러한 인기와 함께 브라더수와 유연정의 '서툰 고백', 폴킴 '있잖아', 김나영 '그럴걸' 등의 OST 곡들이 음원 차트에 진입했다. 〈연플리〉의 후속작 〈옐로우〉의 OST인 멜로망스의 '짙어져'는 지니, 벅스 음원 차트에서 1위에 오르기도 했다. 〈도깨비〉 이후로 공중파 드라마 OST가 주춤한 사이 그 빈자리를 웹드라마 OST가 대체한 것이다.

이처럼 음원시장에서 뉴미디어의 영향력은 더욱 거세질 것으로 보인다. 그리고 음악시장의 주소비자이자 뉴미디어를 가장 빨리 받아들이는 10대와 뉴미디어의 폭발적인 결합력은 앞으로 얼마나 더 많은 이변을 만들어낼지 기대해본다.

역주행,
음악과 뉴미디어의 적극적인 결합

2017년 10월 20일, 멜론 음원 차트에 지각 변동이 일어났다. 대중에게 다소 낯선 멜로망스의 노래 '선물'이 긴 역주행 끝에 1위를 차지한 것이다. '선물' 뒤로는 비투비 '그리워하다', 볼빨간사춘기 '썸 탈꺼야', 윤종신 '좋니', 우원재 '시차(We Are)', 아이유 '가을 아침', 방탄소년단 'DNA' 등 내로라하는 음원 강자들의 곡이 자리했다. 이는 놀라운 광경이 아닐 수 없었다. 인디레이블 '마스터플랜' 소속의 신인 듀오 멜로망스의 노래가 대형 기획사의 엄청난 물량을 투자한 아티스트들을 제치고 1위를 차지한 것이다. 7월에 발표한 인디뮤지션의 노래가 3개월 뒤 갑자기 1위까지 올라간 이 사건은 2017년 최고의 역주행으로 기록될 만한 일이었다.

멜로망스 외에도 2017년 한 해 여러 의미 있는 역주행 사례들이 있었다. 윤종신의 '좋니', 신현희와 김루트의 '오빠야', 박원의 'All Of My Life' 등이 그 주인공들이다. 이 곡들은 역주행을 통해 2017년 한 해 음원 차트 상위권에 오래 머물며 대중의 사랑을 받았다. 윤종신을 제외하고 멜로망스, 신현희와 김루트, 박원은 역주행하기 전에는 대중에게 그 이름조차 생소했다. 방송보다는 주로 물밑에서 활약하던 아티스트들이었기 때문이다. 대중의 입맛에 음악을 맞춘 기획형 가수가 아닌 자신의 음악을 만드는 아티스트형 가수들이었는데도 입소문과 음악의 힘으로 차트에 올랐다. 그야말로 차트의 반란자들이었다. 재미있는 사실은 '선물' '좋니' '오빠야' 'All Of My Life'는 몇 가지 공통점이 있다는 것이다.

역주행의 원인은 항상 입소문

/

　　멜로망스의 '선물' 역주행은 2017년 가요계의 가장 드라마틱한 장면 중 하나였다. 김민석(보컬)과 정동환(건반)의 2인조로 구성된 멜로망스는 뛰어난 보컬과 연주력에 작곡 능력까지 갖춘 팀이다. 대중에게는 아직 생소한 이름이었지만 이미 인디 신에서는 꽤 지명도가 있었다. '선물'은 7월 발표 당시 멜론 일간 차트 37위까지 올랐다가 금방 차트에서 사라졌다. 그랬던 이 곡이 갑자기 1위까지 역주행하자 그 원인에 대한 여러 분석이 잇따랐다. 역주행의 원인은 항상 입소문에 있다. 그 입소문을 일으킨 요인은 크게 세 가지 정도로 정리해볼 수 있다. 〈유

멜로망스 '선물'의 역주행은 2017년 가요계의 가장 드라마틱한 장면 중 하나였다.

희열의 스케치북〉, 〈차트밖1위〉, 〈프로듀스101〉 출신 하성운의 커버.

멜로망스가 9월 중순 〈유희열의 스케치북〉에 출연한 이후 '선물'은 갑자기 100위 안에 재진입해 60위권까지 역주행했다. 이어 멜론의 뉴미디어 채널 '원더케이1theK'가 제작한 예능 프로그램 〈차트밖1위〉에 출연 후 40위권까지 올라간 다음 조금씩 상승해 20~30위권 내에 꾸준히 머물렀다. 이후 아이돌그룹 '워너원'의 멤버 하성운이 대만 팬미팅에서 커버한 것이 화제가 되면서 아이돌 팬들 사이에서 입소문을 탔다. 이후 슬금슬금 차트를 거슬러오르더니 1위까지 오르는 기염을 토했다.

특히 SNS에서의 입소문 힘이 컸다. 멜로망스는 〈차트밖1위〉에서 '선물' 외에 '입맞춤', 그리고 여러 유명 가수의 곡들을 커버해 불렀다.

이 방송 영상은 별개의 짧은 클립으로 쪼개져 페이스북의 여러 채널을 통해 널리 퍼졌다. 페이스북은 아티스트의 인지도보다는 영상 자체의 매력이 더 어필하는 곳이다. 때문에 물밑 가수였던 멜로망스의 영상들이 급속도로 퍼져나갈 수 있었던 것이다. 즉 '선물' 역주행은 방송과 뉴미디어의 화력이 동시에 시너지를 낸 결과로 볼 수 있겠다. 물론 이 노래가 대중의 마음을 사로잡지 못했다면 이 역주행은 불가능했을 것이다. 이는 곧 음악의 힘이기도 했다.

음악 자체의 힘, 듣는 노래에서 부르는 노래로

/

　　　윤종신의 '좋니' 역주행 역시 기억될 만한 사건이었다. 이 노래는 윤종신이 수장으로 있는 미스틱엔터테인먼트의 아티스트들이 정기적으로 싱글을 발표하는 '리슨' 프로젝트의 일환으로 발표한 것이다. '리슨'은 '월간 윤종신'과 마찬가지로 저예산 프로젝트로 홍보 마케팅에 중점을 두기보다는 음악 자체에 초점을 맞추는 지극히 음악적인 프로젝트다. '좋니' 역시 다른 '리슨' 곡들처럼 별 홍보 없이 음원만 달랑 내놓은 경우였다. 그러한 곡이 입소문을 타면서 음원 차트 1위에까지 오른 것이다. 윤종신으로서는 제작비 799만 원이 안겨준 가수 데뷔 후 첫 1위의 영예였다.

　'좋니'의 역주행은 '월간 윤종신' '리슨' 등으로 증명한 음악적인 꾸준함, 예능 프로그램을 통해 쌓은 인지도, 음악에 대한 애정 등이 그 발

박원의 'All Of My Life'도 입소문을 통해 역주행을 시작했다.

판이 됐다. 여기에 한 가지 덧붙인다면 윤종신이 최근 발라드 트렌드를 따랐다는 것을 언급해볼 수 있겠다. 윤종신은 015B 이후 내지르는 고음에 의존하기보다는 서정적인 감성과 드라마틱한 전개를 잘 살린 음악성을 중시한 발라드를 추구했다. 이것이 그의 노래가 오래 사랑받은 이유이기도 했다.

하지만 최근의 발라드 트렌드는 애절하게 지르는 창법, 즉 노래방에서 도전 욕구를 불러일으키는 곡들이 사랑받는 추세였다. 차트에서 롱런하는 임창정, 엠씨 더 맥스, 정승환의 곡들이 다 그러한 열창의 발라드다. 이 곡들은 노래방 차트에서도 꾸준히 상위권에 머물러 있다. 윤종신의 '좋니'는 기존의 본인 스타일에서 조금 벗어나 최근의 발라드 트렌드를 받아들인 것이 적중한 사례였다. 스타일에 대한 고집을 지키기보다는 대중에게 맞춘 결과라고 할까? 물론 이 역시 그가 '월간 윤종신'을 계속 발표하면서 최근의 트렌드를 받아들인 효과라고 할 수 있겠다. 결국은 꾸준함이 거둔 결실이었다.

박원의 'All Of My Life'가 인기를 얻은 이유도 윤종신과 같은 맥락으로 분석해볼 수 있다. 이 노래는 무섭게 역주행을 하며 멜론 실시간 차트 4위까지 올라가는 기염을 토했다. 원모어찬스 출신인 박원은 주로 라디오와 공연을 통해 이름을 알려나갔고, 'All Of My Life'도 별다른 공중파 방송 출연 없이 입소문을 통해 역주행을 하기 시작했다. 이 노래 역시 부르고 싶은 노래라는 평가를 받으며 음원 차트뿐 아니라 노래방 차트에서도 높은 순위에 오래 머물고 있다. 이 노래가 인기를 얻자 2016년에 발표했던 또 다른 곡 '노력'도 역주행하는 움직임을 보였다.

매력적인 음색과 유니크한 음악 스타일

/

신현희와 김루트는 2017년 1월에 '오빠야'로 발매 2년 만에 멜론 차트 100위에 진입하며 새해 첫 역주행의 주인공이 됐다. '오빠야'는 아프리카TV에서 인기 BJ '꽃님'이 노래한 것이 화제가 되면서 입소문을 타기 시작했다. 이후 꽃님이 노래한 영상이 SNS에 퍼지면서 극적으로 음원 차트 100위 안에 오르게 됐다. 이에 발맞춰 신현희와 김루트는 멜론의 뉴미디어 채널 원더케이에서 '좌표인터뷰'와 '스페셜클립'을 촬영하고 〈뮤직뱅크〉〈엠카운트다운〉 등에 출연하면서 SNS와 공중파 방송을 통해 본격적으로 노래를 알려나가기 시작했다. 이에 '오빠야'는 야금야금 차트를 거슬러올라가 Mnet 차트 1위, 멜론에서는 19위까지 올랐다. 이후 가을까지 차트에 머물며 롱런 행진을 이어갔다. 급기야 아이돌가수들이 '오빠야'를 커버하며 화제몰이가 계속됐다.

'오빠야' 열풍의 원인은 무엇이었을까? 언론은 주로 BJ 꽃님의 방송을 그 원인으로 보도했다. 하지만 노래가 대중을 사로잡지 않았다면 결코 롱런까지는 힘들었을 것이다. '오빠야'는 유명 가수들이 음원을 내놓은 여름에도 차트 상위권을 꾸준히 지켰다. 이는 이 노래가 가진 특유의 감성을 대체할 만한 노래가 나오지 않은 것으로 이유를 분석해볼 수 있다. '오빠야'는 기존 인디 음악 팬뿐만 아니라 초등학생, 유치원생들 사이에서도 인기를 모으는 기현상을 보였다. 아이들이 즐겨 부르는 노래로 자리하면서 신현희와 김루트는 '초통령'이라는 별명까지 얻었다. 이는 신현희의 매력적인 음색과 유니크한 음악 스타일 덕분이었다.

뉴미디어 채널을 적극 활용하다

/

멜로망스, 윤종신, 신현희와 김루트, 박원의 역주행은 TV보다는 음악 자체의 힘과 입소문으로 이루어냈다는 공통점을 지니고 있다. 또한 이들은 뉴미디어 채널을 적극 활용했다. 멜로망스는 멜론의 큐레이션 예능 〈차트밖1위〉에 나온 것이 입소문의 근간이 됐다. 윤종신은 '좋니'를 딩고뮤직의 인기 콘텐츠 '세로라이브'를 통해 홍보에 나섰다. 또한 윤종신의 소속사 미스틱엔터테인먼트는 7월에 '좋니'의 일반인 커버 콘테스트를 진행한 바 있다. 덕분에 일반인들의 '좋니' 커버가 SNS상에서 화제를 모았고, 이것이 마케팅으로 자연스럽게 이어졌다. 신현희와 김루트, 박원도 마찬가지로 뉴미디어 채널의 도움을 받았다. 신현희와 김루트는 원더케이, 박원은 딩고뮤직을 통해 SNS상에 음악을 노출시켰다. 특히 박원은 '딩고뮤직' 등 여러 인기 SNS 채널을 운영하는 메이크어스 소속 아티스트다. 때문에 메이크어스를 통해 SNS상에서 지원을 받은 것이 막후에서 팬을 모으는 데 상당한 동력이 됐다. 이는 음악 마케팅에서 뉴미디어의 중요성이 더욱 커지고 있음을 보여주는 사례다. 다양한 방식으로 등장하는 뉴미디어가 음악에 날개를 달아주는 역할을 하고 있다.

2017년의 역주행은 그간 취약한 장르로 분류된 음악에서 주로 행해졌다는 점에서 더욱 의미가 크다. 이는 대중의 취향이 점점 다변화돼가고 있다는 방증이기도 하다. 2018년에도 전혀 예상치 못했던 곳에서의 역주행을 기대해본다.

인공지능,
음원시장의 새로운 변곡점이 되다

2017년은 인공지능AI과 음악의 결합이 가시화된 한 해였다. 여기서 인공지능의 역할은 인간이 하던 창작, 실연의 분야를 로봇이 대신하는 것을 가리키는 게 아니다. 음악을 고르고 들려주는 역할을 인공지능이 수행하는 것을 말한다. "외로울 때 들으면 좋은 노래 들려줘" 또는 "아이에게 들려줄 자장가 들려줘"라고 말만 하면 알아서 음악을 찾아주는 서비스 말이다. 인간의 말을 알아듣는 'AI 스피커'가 국내에도 본격적으로 판매되면서 인공지능이 음악을 들려주는 시대가 오고 있다.

AI 스피커는 현재 우리의 삶 속으로 서서히 들어오고 있다. SK텔레콤이 2016년 9월 '누구'를 출시한 것을 시작으로 이듬해 1월 KT가 '기가지니'를 내놓으며 경쟁이 시작됐다. 이어 네이버가 '웨이브'를, 카카오가 '카카오미니'를 차례로 출시하며 경쟁이 가속화되고 있다.

이들은 각각 차별화된 서비스를 내세우며 소비자를 유혹하고 있다.

터치에서 보이스로 인터페이스의 진화

/

이처럼 국내 유수의 기업들이 AI 스피커 시장에 뛰어든 이유는 뭘까. 약 10년 전, 애플은 아이폰을 출시하며 터치 인터페이스 기반의 문화를 만들었다. 이후 PC가 담당하던 대부분의 기능이 모바일 영역으로 넘어갔다. 이제 AI 스피커가 등장하면서 '터치'에서 '보이스'로 인터페이스의 진화가 감지되고 있다. 아이폰이 그랬던 것처럼 AI 스피커 역시 우리 생활의 여러 가지를 바꿔놓을 것으로 예상된다. 지금의 AI 스피커는 대화형 AI 비서, 검색, 뉴스 확인, 음악 감상, 날씨 안내, 알람 등의 기능을 갖추고 있다. 그렇다면 AI 스피커는 음악 감상에 어떤 영향을 미칠까? 아직은 시장의 형성 단계이기 때문에 사례 분석보다는 조심스러운 관측을 해보도록 하겠다.

음악 소비의 형태는 기술의 발달과 함께 변화해왔다. 먼저 과거의 사례들을 살펴보자. 1877년 에디슨이 축음기를 발명한 이후 LP, 카세트테이프, CD 등 다양한 소리의 저장 매체가 등장했다. 각각의 매체가 등장할 때마다 음악을 제작하고 소비하는 형태도 변했다. LP와 턴테이블로 음악을 듣던 당시 사람들은 주로 실내에 가만히 앉아 음악을 들었다('야전'이라고 불린 야외 전축도 있었다). 이후 카세트테이프와 워크맨이 등장하면서 사람들은 걸으면서 음악을 듣기 시작했다.

이로써 음악을 듣는 시간이 더 많아졌고 자연스럽게 음반 판매량도 늘었다. 워크맨은 단순히 음악을 듣는 도구를 넘어서서 젊은이의 문화를 상징하는 아이콘과도 같았다. 때문에 음악산업에서 젊은 층을 겨냥한 음악의 비중이 더욱 커졌다. CD가 등장한 후 사람들은 음악을 골라서 듣기 시작했고 더 빠른 속도로 소비가 이루어졌다. 그리고 MP3가 등장하면서 음악의 가치가 급격히 하락했고 음악산업의 규모도 전보다 축소됐다. 여기까지는 우리가 익히 알고 있는 이야기다. 이처럼 기술의 변화는 음악을 듣는 습관과 산업까지 바꿔났다.

음원 사이트라고 하는 플랫폼의 등장은 음악산업의 지형도를 완전히 바꾸었다. 특히 인터넷 보급률이 높은 국내 시장이 큰 영향을 받았다. 음원 사이트와 모바일로 음악을 듣는 시장이 형성되자 각 기획사들은 이러한 환경에 유리한 음원들을 제작하기 시작했다. 음반 판매량이 급격히 줄자 제작비가 많이 들어가는 앨범보다는 싱글 발매를 선호하게 됐다.

음악 소비에 대한 인식이 점점 가벼워지면서 음악 자체도 무게를 줄여나갔다. 메시지를 담은 진중한 음악보다는 달콤하고 가벼운 음악이 차트에서 더욱 강세를 보이게 됐다. 또한 스마트 기기에 친숙한 10대 소비자들의 힘이 더욱 강해졌다. 이러한 소비 플랫폼의 변화는 성인가요 시장이 급격히 쇠락하고 대신 아이돌 시장이 더욱 커지게 하는 데도 적잖은 영향을 미쳤다.

AI 스피커는 음악 소비 형태를 어떻게 바꿔놓을까

/

그렇다면 AI 스피커는 음악 소비 형태를 어떻게 바꿔놓을까. 현재로서는 몇 가지 현상을 통해 미래를 상상해볼 수 있겠다. KT에 따르면 음원 사이트인 '지니'와 AI 스피커 기가지니로 듣는 음악의 종류가 상당히 다른 것으로 나타났다. KT측은 기가지니 출시 이후 전체 음원 소비에서 동요, 태교음악, 클래식, 재즈의 비중이 전보다 늘었다고 공식 발표했다. 이는 아이를 가진 엄마들이 AI 스피커를 통해 동요, 태교음악 등을 찾아 들으면서 나타난 수치인 것으로 보인다. 실제로 AI 스피커는 주부들에게 인기를 끌고 있다.

이와 함께 이승철, 이문세, 이선희, 김건모, 김광석, 나훈아, 조용필 등 중장년층에게 인기가 많은 가수들에 대한 검색 빈도가 높아졌다고 한다.

위의 사례에서 나타난 것처럼 AI 스피커의 등장은 음원 소비자의 연령을 보다 다양하게 바꿔놓을 것으로 보인다. 스마트폰으로 음원을 소비하는 시장에서는 모바일 환경에 친숙한 젊은 층의 화력이 매우 강했다. 하지만 AI 스피커가 대중화되면 음원 사이트에 대한 접근성이 높지 않았던 중년층의 음원 소비량이 점차 늘어날 것으로 예상된다.

음원시장과 실제 가요시장은 어느 정도 차이를 보인다. 음원 사이트에서 1위를 한다고 해서 결코 한국에서 1등 가수라고 단언할 수는 없다. 이러한 차이를 보여주는 사건이 최근에 발생했다. 나훈아 컴백이 그것이다. 나훈아는 2017년 7월, 11년 만에 새 앨범 〈Dream Again〉

으로 돌아왔다. 국민가수 나훈아의 컴백은 가요계를 넘어 사회적으로도 큰 이슈였다. 하지만 음원 차트 성적은 참담했다. 타이틀곡 '男子의 人生'은 국내 최대 음원 사이트 멜론에서 일간 차트 기준으로 398위에 오르는 데 그쳤다. 과연 이것은 나훈아의 실제 인기를 반영한 것일까?

콘서트 시장에서는 전혀 다른 결과가 나왔다. 9월 5일 예매가 진행된 나훈아 콘서트 티켓은 3만 1,500장이 순식간에 팔려나갔다. 서울 공연은 7분, 대구 공연은 10분, 부산 공연은 12분 만에 각각 매진됐다. 암표도 60만 원에 육박하는 것으로 알려졌다. 이는 특급 아이돌그룹에 비견할 만한 수치다. 음원시장과 콘서트 시장에서의 판매량이 왜 이렇게 다르게 나왔을까? 나훈아의 주소비층인 중년, 노년층이 음원 사이트에 익숙하지 않음을 보여주는 사례라 할 수 있겠다. 만약 AI 스피커가 중년, 노년층에게 널리 퍼져 있었다면 나훈아의 음원 차트 성적은 어땠을까?

AI 스피커의 최대 수혜자는 나훈아와 핑크퐁?

/

음원 차트에서 1~100위는 아이돌 가수, 힙합, R&B, 발라드, OST, 팝송 등의 대중음악이 대부분을 차지한다. 하지만 음원 사이트에서 대중가수의 음악만 소비되는 것은 결코 아니다. 멜론을 살펴보면 아침마다 동요들이 실검에 오르는 것을 볼 수 있다. 특히 최근에 아이들 사이에서 폭발적인 인기를 누리는 콘텐츠 〈핑크퐁〉 동요는 거의 매일 아침 실검에 오른다. 하지만 실검에 오른다고 음원 차트 100위 안에 들어가는 것은 아니다. 100위 안에 들기 위해서는 더 많은 모수가 음악을 들어야 하기 때문이다. 인기 동요 '핑크퐁 상어가족'은 국내 키즈 콘텐츠 중 최초로 유튜브 조회 수 10억 뷰를 돌파했다. 이 핑크퐁 음악을 신청하는 빈도는 AI 스피커에서 특히 큰 것으로 나타났다. AI 스피커가 일반화된다면 이러한 동요들이 음원 차트 100위 안에 오를 가능성이 더 커진다. 즉 음원 차트에 변동이 일어나는 것이다.

이처럼 AI 스피커의 보급은 클래식, 태교음악, 동요와 같은 생활음악의 소비에 적잖은 영향을 미칠 것으로 보인다. 더 나아가 아동, 중년, 노년층 등 스마트 기기에 친숙하지 않은 소비자를 음원시장에 유입하는 역할을 할 것이다. 그렇게 되면 동요, 성인가요 시장이 더욱 활력을 얻을 수 있다. 즉 AI 스피커의 최대 수혜자는 핑크퐁과 나훈아가 되는 것이다.

위 예상들이 모두 맞아떨어진다면, AI 스피커는 음원 소비를 확대하는 긍정적인 결과를 가져올 것이다. 하지만 과연 그것이 전체 음악시장의 성장으로 이어질지는 두고 봐야 한다. 중년층은 음원 사이트와 거리가 먼 대신에 아직도 음반을 구입하고 있기 때문이다. AI 스피커의 대중화가 음반시장의 축소로 이어지지 말라는 법은 없다. AI 스피커가 음악시장의 구원투수가 될지 훼방꾼이 될지는 그 운영을 얼마나 건강하게 하느냐에 달렸을 것이다. 음원 사이트의 지난 10년이 반면교사가 될 수 있겠다. 그리고 음악시장의 변화가 가져올 우리 일상생활의 변화도 기대된다.

음악 미디어,
창작·마케팅·소비의 경계를 허물다

2000년 이후 진행된 음악계의 변화는 테크놀로지와 불가분의 관계를 맺는다. 트위터와 유튜브가 없었다면 싸이의 '강남스타일' 열풍도 불가능했으리라는 것은 이미 상식적인 이야기다. 최근 1년 사이에 한국에서 벌어진 음악업계의 변화 역시 마찬가지다. 카카오와 멜론의 결합을 비롯해 네이버와 YG엔터테인먼트, SKT와 SM엔터테인먼트의 결속 등은 인공지능 스피커의 등장과 음악산업의 미래를 점치게 하는 이슈들이다.

하지만 이것은 최근에 갑자기 등장한 변화는 아니다. 이른바 '4차 산업혁명'이란 말과 무관하게 애초부터 대중음악은 기술과 분리되려야 분리될 수 없는 관계로 맺어졌기 때문이다. 음악산업이란 사실상 산업혁명 이후 대량생산 체계가 만들어낸 분야였다. 인간은 '음성'이라는 기록될 수 없는 데이터를 물리적 장소에 붙들어놓으려는 시도를 통해 문명을 발전시켰다. 처음에는 문자로 말을 기록했고, 인쇄술로 그 데이터를 반영구적으로 기록하려고 했다. 소리도 예외가 아니었다. 음악이 '출판publishing'으로 이해된다는 사실은 음악의 기록이라는 문제가 결국 활자와 기호를 종이에 기록하는 것으로 시작되었다는 증거다.

이렇게 소리를 저장하고 기록하고 보전하려는 욕망은 음악을 감상한다는 것보다는 좀 더 근원적인 욕망이다. 그리고 이 욕망은 테크놀로지로 구현될 수 있었다. 다시 말해 소리를 저장하는 리코딩 기술이 없었다면 음악산업은 출현조차 하지 못했을 것이다. 음악산업은 다른 영역보다 상대적으로 미디어의 기술적 발전과 동반 성장할 수밖에 없는 영역인 셈이다.

음악의 역사에서 음악 저장 매체의 발달은 가장 중요한 이슈

/

음악의 역사에서 음반, 그러니까 음악 저장 매체의 발달은 가장 중요한 이슈다. 음악산업은 음악 저장 매체와 그 저장 매체를 실행하는 기기의 발달과 궤를 같이했기 때문이다. 애초에 음악은 물리적 장소를 전제로 할 수밖에 없었다. 12세기 정도를 생각해보자. 음악을 들으려면 의복을 갖춰 입고 공연장에 갈 수밖에 없었을 것이다. 그마저도 당장 먹고살 걱정이 거의 없는 귀족계급에게 허용된 유희였다. 음향에 최적화된 공연장에는 크고 무거운 악기들이 배치되어 있다. 피아노 연주를 듣고 싶다면 피아노가 있는 공연장에 갈 수밖에 없는 시대. 이런 한계를 혁신한 기술은 19세기에나 등장했다.

1857년, 프랑스의 발명가 레옹 스콧은 떨림막과 바늘이 연결된 나팔통을 만들고 거기에 사람의 목소리를 불어넣어 파형을 그려내는 데 성공한다. 이 기계가 최초의 녹음기라고 불리는 포노토그래프였다. 이 장치는 소리를 시각화하는 기술이었고, 이를 계기로 사람 목소리의 '녹음'에 대한 상상력이 가능했다. 목소리를 시각화할 수 있다면 그걸 다시 목소리로 재현할 수 있지 않을까! 이것은 축음기의 발명으로 이어졌다.

최초의 축음기였던 페리어폰을 발명한 샤를 크로는 돈이 없어 상용화하지 못했지만, 자본이 넉넉했던 토머스 에디슨은 포노그래프를 발명하고 상용화했다. 그러나 포노그래프는 애초에 음악이 아니라 당시 일반적인 직업이던 속기사를 대체하는 것이 목적이었다. 녹음 기능의

최초로 상용화에 성공한 에디슨의 포노그래프.

유용함은 당대 인류학자나 음악학자가 진귀한 소리를 녹음해 보관하는 것으로 인기를 끌었다.

하지만 에디슨의 포노그래프는 원통형이라 사용하기에 어렵고 가격이 비싸다는 단점이 있었다. 이를 혁신한 것이 에밀 베를리너의 원형 레코드였다. 현재 LP나 CD의 원형이 되는 디자인이다. 원반형 레코드는 가격이 싸고 무엇보다 복제가 쉬웠다. 이로부터 음반은 둥근 원형의 모양이 되었고, LP, CD, DVD에 이르는 현재까지 그 형태가 표준으로 자리 잡았다.

레코드의 등장은 음악산업의 기점이 되는 사건

/

레코드의 등장은 음악산업의 기점이 되는 사건이었다. 먼저 음악의 소비가 변했기 때문이다. 그전까지 공연장에서만 들을 수 있던 음악을 이제는 가정에서 들을 수 있게 된 현상은 '소비'의 범위를 산업 영역으로 확장시켰고, 이것은 가정뿐 아니라 상점과 거리에서도 음악이 일상적으로 흐르게 되었다는 것을 뜻했다.

레코드의 상용화는 스타 탄생의 기반이 되기도 했다. 물리적 한계를 극복한 음악은 그 음악을 부른 가수나 연주자를 지역 기반의 한계를 뛰어넘어 다른 장소에서도 인기를 얻게 만들었기 때문이다. 이탈리아의 가수가 동시대 한국에서 인기를 얻는 현상 같은 게 벌어진 것이다. 1910년대의 변화는 지금과 크게 다르지 않다.

원반형 레코드는 휴대하기에 어려운 한계를 갖고 있었다.

하지만 원반형 레코드는 여전히 휴대하기에 어렵다는 한계를 갖고 있었다. 음악을 깨끗하게 재현하기에는 턴테이블의 기술적 한계도 여전했다. 음악을 어디서든 들을 수 있다면 얼마나 좋을까! 이런 상상은 카세트테이프와 워크맨의 등장으로 현실화된다. 카세트테이프는 1962년 필립스가 '콤팩트 오디오 카세트'란 이름으로 시판한 것이 시작이었다. 초기에는 음질이 굉장히 나빴지만 편리함과 휴대성 덕분에 많이 팔리면서 돌비나 노이즈 제거 같은 기술 혁신이 이루어졌다.

1980년대에는 소니의 워크맨이 등장해 아예 음악을 혼자 듣는 것으로 만들었다. 음악을 혼자 듣는다는 것, 지금은 너무나 상식적인 일이지만, 당시에는 음악은 대체로 거실이나 방에서 사람들과 함께 듣는 것이 일반적이었다. 카세트테이프와 워크맨의 등장은 음악 소비의 형태를 좀 더 세분화해서 구별 짓게 만들었다.

여기에 1960년대 이후 보편적인 미디어로 자리 잡은 TV는 1980

년대에 이르러 한 가정이 1대 이상의 기기를 보유할 만큼 확산되었다. 1대는 거실에, 1대는 10대 자녀의 방에. 20세기 이래 대중음악은 세대와 함께 발전했는데, 1950년대까지 재즈와 리듬앤블루스R&B의 라이브가 클럽에서 젊은이들의 향락을 주도했다면, 1960년대 이후에는 록과 펑크의 레코드가 방에서 젊은이들의 쾌락을 주도했다. 1980년대에는 좀 더 복합적으로, 카세트테이프가 거리에서 이들의 귀를 간지럽혔다면 MTV로 대변되는 TV가 이들을 즐겁게 했다고 해도 과언이 아닐 것이다.

이렇게 음악 저장 장치와 재생 장치가 주도한 음악산업이라는 맥락은 1990년대의 CD와 CD 플레이어, 2000년대의 MP3와 MP3 플레이어, 그리고 2010년 이후 휴대폰과 스트리밍 서비스로 연결된다.

'혼자 듣는 음악'을 가능하게 해준 소니의 워크맨.

인간의 마음을 움직이는 것

/

　　돌아보면 지난 반세기 동안의 음악산업은 음악의 개인화를 향해 질주한 것처럼 여겨진다. 산업이란 기본적으로 대규모 유통을 기반으로 할 수밖에 없는데, 여기에는 음악의 유통 네트워크가 필연적이다. 디지털 혁명 이후 음악산업이 음반과 음원의 영역으로 나눠졌다는 것은 일반적인 관점이다. 이때 음반은 기존의 오프라인 유통을 기반으로 삼고, 음원은 새로운 플랫폼을 기반으로 삼는다. 우리에게 2017년이 중요한 이유는 음원 유통에서 기존의 포털 사이트, 대규모 사용자를 확보한 음원 유통망이 지배하는 시장에 SNS라는, 현재로서는 극단에 있는 개인화 플랫폼이 균열을 냈다는 데 있다. 기존에 '상식적으로' 여겨지던 음악산업의 기반에 균열이 생겼다는 것은 단지 소비의 영역뿐 아니라 음악의 생산과 유통, 마케팅의 영역에서도 근본적인 변화가 발생한다는 뜻이다.

　　요컨대 소셜 플랫폼을 기반으로 삼은 소셜 마케팅이라는 개념은 단지 바이럴이 잘 되는 콘텐츠를 만들어 뿌리는 데 의의가 있는 게 아니라, 좀 더 근본적으로 인간의 마음을 움직이는 어떤 것을 만들어 뿌리는 것을 목표로 한다. 한편 음악 창작에서도 귀를 사로잡는 기술적인 장치 외에 듣는 대상의 마음을 건드리는 영역을 좀 더 중요하게 여기게 된다. 그리고 이 모든 것은 타기팅에 심도 깊은 이해와 전략으로 귀결된다. 다시 말해 하나의 노래가 성공하기 위해서는 그 노래가 겨냥하는 특정 세대의 라이프스타일과 음악 소비 패턴에 대한 이해를 비롯해, 그걸 반영한 노랫말과 멜로디의 구성이 필수적이며, 이걸 기반으로 다양한 미디어에 노출하는 전략이 필요한 시대가 된 것이다.

이런 맥락에서 2017년 한국의 미디어 변화는 중요할 수밖에 없다. 이것은 단지 모바일이 중요해지는 것 이상의 의미다. 10년 전에는 음악에 주목하도록 도와주는 미디어가 소수였다. TV, 라디오, 인쇄 매체. 여기에 온라인 커뮤니티와 온라인 매체들이 가세하고, 급기야 소셜미디어로 무수하게 분화된 것이 2017년 현재다. 음악을 유통하고 전달하는 매체가 너무 많은 것이 역설적으로 지금 음악산업의 문제인 것이다. 이런 환경에서 음악은 자체적으로도 경쟁이 심화될 수밖에 없는데, 한 세기 동안 어느 정도 엄격하게 구분되었던 '장르'라는 방어막이 사라지는 것 또한 이런 경향의 결과라고 할 수 있다. 경계가 허물어지는 것은 단지 산업의 영역뿐 아니라 창작과 소비, 마케팅의 영역에도 적용된다.

모든 변화의 핵심은 '개인화'

/

우리는 이런 흐름에서 2017년의 주목할 만한 이슈들을 이해해야 할 것이다. Mnet이 음악 예능을 만드는 것을 넘어 음악 생산과 유통에도 직접 관여하고, 이것이 상업방송이 아닌 공영방송으로도 확대되는 일, 그리고 모바일에서는 예능이나 드라마 같은 형식의 콘텐츠가 광범위하게 유행하면서 음악 역시 그 형식을 통해 유통되고, 실제로 OST가 특정 카테고리를 벗어나 시장에 광범위한 영향을 미치게 되는 현상들. 여기에 실시간으로 전국 차트를 반영하는 코인노래방과 독과점 형태의 유통 플랫폼의 차트를 역주행하는 노래들의 등장 등 현재 한국의 음악산업은 미디어 기술의 발전을 기반으로 변곡점을 그리고 있는 것이다.

이 모든 변화의 핵심은 결국 '개인화'에 있다. 미디어가 발전하는 방향이 개인화이므로 음악 역시 개인에 초점이 맞춰진다. 좀 더 개인이 반응하기 좋은 내용으로, 좀 더 삶과 밀착된 맥락으로, 좀 더 마음을 건드릴 수 있는 멜로디로, 좀 더 공감할 수 있는 노랫말로. 요컨대 개인이 공감할 수 있는 음악이야말로 역사적으로 증명된 궁극적인 전략이고 '모바일 퍼스트'는 이런 전략을 극단적으로 밀어붙이는 환경이다. 그렇다면 현재 모바일로 재편된 음악의 소비, 유통 구조는 음악을 유행에 따라 이리저리 쥐고 흔드는 게 아니라 오히려 음악 본래의 자리로 돌려놓는 게 아닐까.

지각 변동,
기술 기업과 엔터테인먼트 기업의 연합

2017년 한국 음악계에서 가장 인상적인 뉴스는 IT 분야에서 등장했다. 7월을 기점으로 SM엔터테인먼트와 SKT, YG엔터테인먼트와 네이버, 그리고 지니뮤직과 LG U+가 협업 모델을 발표했다. 상대적으로 음악과 직접적인 연관성은 없어 보이지만 삼성전자의 싸이월드 투자도 중요한 이슈 중 하나로 언급할 만하다. 2016년 1월에 카카오가 로엔엔터테인먼트의 멜론을 인수하면서 가시화된 이런 협업 모델은 2017년을 한국 음악산업의 분기점으로 보이게 한다.

왜 이런 일이 벌어지는 걸까? 이것을 이해하기 위해서는 시간을 조금만 뒤로 돌려볼 필요가 있다. 한국에서 디지털 음악시장이 발아된 것은 2000년으로 볼 수 있다. 이때 중요한 몇 가지 이슈가 있었기 때문이다. 먼저 2000년을 기점으로 한국의 음반 판매량은 4,104억 원을 정점으로 하강했다. 반면 디지털 음악시장은 가파르게 성장했다. 그리고 1월에는 다날이 휴대폰 벨소리 다운로드 서비스를 시작했고, 7월에는 휴대폰 결제 서비스를 시작했다. 같은 해 5월에는 소리바다가 최초로 P2P 음악 다운로드 서비스를 시작했다. 바야흐로 2000년을 기점으로 한국에서는 모바일 전자상거래를 위한 인프라가 구축되면서 음악이 중요한 품목이 될 준비를 마친 것이다.

이후 3년간은 저작권 전쟁이 벌어졌다. 세계적으로 유례없는 P2P 서비스를 성공적으로 론칭한 소리바다의 저작권 침해 여부가 법원에서 논의되는 동안 미국에서도 냅스터 서비스에 대한 소송이 진행되었다. 2000년부터 2003년까지는 한국에서 디지털 음악산업의 유료 시장의 가능성을 타진하는 시기였다. 2003년 미국에서 아이튠스가 오픈한 것과 같은 때에 한국에서는 문화체육관광부가 '인터넷 음악 서비스의 유료화 가이드라인'을 발표하고, 맥스mp3와 같은 메이저 음원 서비스 업체들이 유료로 전환하면서 디지털 음악시장이 본격적으로 시작되었다.

2004년에는 SKT의 멜론, KTF의 도시락(현재 지니뮤직)을 비롯해 네이버 뮤직 등 통신사와 포털 기반의 음악 서비스가 오픈했다. 그리고 2005년 벅스뮤직의 유료화 전환이 이루어졌고, 2006년 소리바다의 유료화 전환을 거치며 한국의 음원시장은 완전히 유료화되었다. 그야말로 디지털 음원시장의 새로운 국면이 시작된 것이다.

모바일은 완전히 새로운 영토

/

　　　이런 역사적 흐름을 바탕으로 2017년의 이슈를 살펴보면 흥미로운 점들이 눈에 띈다. 일단 최근 벌어진 일련의 이슈들은 크게 '기술 기반 데이터 기업과 음악 콘텐츠 기업의 결합'이라고 해도 좋을 것이다. 카카오, 네이버, SKT, LG U+, KT(지니뮤직) 등은 모두 데이터를 기반으로 하는 기술 기업이라고 할 수 있다. 외형적으로는 통신사, 포털 등으로 보이지만 본질적으로는 그렇다. 이들은 네트워크 인프라나 압도적인 사용자를 확보하고 있는데, 이를 기반으로 대규모의 사용자 데이터를 확보하고 있는 회사들이다. 이들은 플랫폼 사업자로서 B2B나 B2C 사업 모델을 모두 가지고 있기도 하다. 광고는 기본이고 콘텐츠 제작과 유통, 판매까지 업계에서 수직 계열화를 지향하는 기업들이란 점에서도 동일하다.

　이런 회사들이 왜 음악에 관심을 가지고 음악업계의 큰손들과 결합하고 있을까. 이 질문에 대한 답은 모바일 이후 산업 구조를 포함해 진행 중인 변화란 맥락에서 살펴야 한다. 이른바 '4차 산업혁명'의 관점에서 모바일 테크놀로지는 미디어 환경을 근본적으로 바꾸고 있는데, TV나 컴퓨터 같은 미디어 환경에 모바일이 추가되는 것이 아니라 기존의 지배 구조를 모바일이 쪼개버리거나 아예 새로운 영역을 만들어낸다는 것이 핵심이다. 모바일은 완전히 새로운 영토란 이야기인데, 여기서는 사람들이 일상적인 활동을 기존과 다른 방식으로 수행한다는 뜻이기도 하다.

예를 들어 뉴스를 보기 이전까지 사람들은 포털 메인 화면에서 편집된 뉴스나 실시간 검색어로 추천되는 뉴스를 접했다. 쇼핑이라면 쇼핑 사이트에 접속해 원하는 제품이 있는 카테고리에 들어가 검색을 하거나 포털 사이트 검색창에 제품 혹은 카테고리를 타이핑해 쇼핑 서비스에 접속했다. 하지만 모바일 환경에서 검색이란 꽤 번거로운 일이 된다. 가상 키보드는 불편하고 메뉴에 접속하는 것도 귀찮다. 게다가 모바일은 손에서 떨어지지 않는 디바이스라서 개인화에 특화되어 있다.

스마트폰과 결합한 뒤에 소셜미디어가 일상적이고 압도적인 미디어 플랫폼으로 자리 잡았다는 점이야말로 시사적이다. 모바일 환경은 개인의 거의 모든 습관을 기록하고 추적할 수 있게 해주지만, 그 기반은 완전히 새로운 사용자 경험을 기반으로 한다. 이런 환경에서 기술 기업들은 이제까지 쌓아온 노하우를 헤집어야 할 상황에 놓였다. 특히 지난 20여 년 동안 네트워크 인프라 구축을 통해 확보한 방대한 사용자를 기반으로 수익 모델을 확립한 플랫폼 사업자들은 기존의 방식을 확장하느냐 아니면 새로운 방식을 만드느냐의 기로에 섰다.

음악이야말로 인공지능을 인간답게 만드는 촉매제

/

이때 합리적인 귀결은 모바일에 최적화된 검색이다. 검색어를 타이핑하는 방식이 아닌 좀 더 일상적이고 간편한 검색 방식. 이런 고민의 합리적 귀결은 결국 음성 검색이다. 그리고 음성 검색에는 인공지능이 필수적이다. 자연어 처리 기술을 비롯해 맥락 검색과 상호작용에 이르기까지 인공지능은 모바일 이후의 사업 모델을 설계하는 데 반드시 있어야 할 기술인 것이다. 이때 인공지능은 자기학습을 통해 언어 체계를 이해할 수 있어야 한다. 여기에는 단어의 뜻뿐 아니라 그 단어가 문장에서 쓰이는 방식, 그리고 발화자의 기분이나 상황 등에 대한 이해도 필요하다. 그야말로 인공지능이 사용자와 '대화'를 할 수 있어야 정확한 결과가 나올 수 있다.

데스크톱/노트북 환경에서는 검색 결과가 정확하지 않아도 사용자가 알아서 추가적으로 검색하며 원하는 대답을 찾을 수 있었다. 하지만 모바일 환경에서는 사용자의 니즈가 원하는 결과로 정확히 연결되어야 한다. 이때 음악은 인공지능의 자기학습을 위한 가장 합리적인 시험지다.

음악은 이성과 감성이 결합된 콘텐츠다. 수학적 체계로 설계된 악보에 감성적인 멜로디와 노랫말이 결합해 인간의 감정을 건드린다. 그래서 음악은 정보이면서도 정보가 아니다. 인공지능의 고도화가 인간을 잘 이해하고, 그 이해를 기반으로 좋은 대화를 나누고, 결과적으로 '친구'가 되는 데 목적이 있다면 음악이야말로 인공지능을 인간답게 만드는 촉매제다. 미술이나 소설과 달리 '소리'로 만들어진 콘텐츠라는 점 역시 더없이 적합하다. 이것이 통신사와 포털 기업들이 음악을 기반으로 하는 엔터테인먼트 기업들과 협업 구조를 만드는 가장 큰 이유다.

가장 중요한 위치에 놓이게 될 음악과 음악의 메타데이터

/

엔터테인먼트 기업들 역시 이런 환경 변화가 기회가 된다. 대규모 투자를 통해 음악 제작/유통 기반의 회사를 데이터를 기반으로 하는 콘텐츠 제작사로 성장시킬 수 있기 때문이다. 사용자 데이터는 한 시대의 감수성, 요컨대 개인의 욕망과 감정을 이해하기 위한 단서다. 이걸 기반으로 제작, 유통, 판매, 마케팅까지 성공 확률을 고도화할 수 있고, 비즈니스 구조도 수직계열화할 수 있다. 인터넷 환경에서는 경쟁 자체가 큰 의미를 가질 수 없다고 했던 《제로 투 원》의 저자 피터 틸의 주장대로, 독점적인 닫힌 시장 구조를 만들기 위해서는 데이터와 자본이 필수조건이다. 메이저 엔터테인먼트 기업들로서는 기술 기업들과 손을 잡을 수밖에 없는 상황인 셈이다.

역사적으로도 음악은 당대의 기술을 자양분으로 삼았다. 테크놀로지는 음악의 생산, 유통, 소비 체계에 영향을 주었고, 동시에 기존 시장을 재편하거나 새로운 시장을 만드는 데 기여했다. 각기 다른 영역의 기업들이 같은 목적으로 결합하는 건 역사적으로도 자연스러운 흐름이다. 인공지능의 개발을 가속화하는 모바일 환경은 아이러니하게도 음악이라는 가장 원초적이고 인간적인 예술을 끌어안으며 한 시대를 관통하고 있다. 그 점에서 2017년 한국에서 벌어진 일련의 이슈들은 중요한 분기점이자 향후 그려질 거대한 계획의 밑그림이다. 기술 기업과 음악 기업은 각자 다른 시장을 동시에, 또한 함께 보는 것이다. 2018년에는 반드시, 음악과 음악의 메타데이터들이 가장 중요한 위치에 놓일 것이다.

예능 PD,
예능 프로그램이 일종의 권력으로

2017년 7월 페이스북에 흥미로운 영상이 게시됐다. 양현석, 씨엘, 승리, 젝스키스, 위너, 아이콘, 지누션, 유병재 등이 등장하는 리얼리티 시트콤 〈YG전자〉의 티저 영상이 그것이다. 양현석을 따라하는 승리, 양현석에 대한 뒷이야기를 늘어놓으려 하는 이재진, 또 그것을 재미있어하는 양현석이 담긴 영상은 대중의 눈을 끌 만했다.

〈YG전자〉는 YG엔터테인먼트로 이적한 박준수 PD가 메가폰을 잡은 예능 프로그램이다. YG에서 실제로 일어나는 일들을 각색해 담을 거라는 것이 YG측의 설명이다. YG 패밀리가 총출동한 이 티저 영상은 많은 이들의 궁금증을 자아냈다. 양현석이 직접 나오는 시트콤이라니……. 웬만한 공중파 프로그램에서도 꿈꾸기 힘든 출연진이다. YG에서 직접 제작하기 때문에 가능한 섭외인 것이다.

2017년은 음악 기획사들이 예능 PD 영입에 집중한 한 해였다. YG 엔터테인먼트는 Mnet에서 〈프로듀스101〉 〈쇼미더머니〉 등을 연출한 한동철 PD, 〈음악의 신〉을 연출한 박준수 PD 등을 영입하며 눈길을 끌었다. 이외에도 tvN 출신 유성모 PD(SNL코리아), MBC 출신 조서윤 (라디오스타), 제영재(무한도전), 김민종(진짜사나이) PD를 영입하며 웬 만한 방송국 못지않은 라인업을 구축했다. SM엔터테인먼트는 여운혁 PD를 영입한 미스틱엔터테인먼트의 지분을 28퍼센트 취득해 최대주 주가 됐다. 사실상 여운혁 PD를 자사 PD로 활용할 여건을 마련한 것 이다. 여운혁 PD는 MBC와 JTBC를 거치며 〈천생연분〉 〈황금어장〉 〈아는 형님〉 등을 히트시킨 바 있다. 이외에 SM C&C를 통해 KBS2 〈안녕하세요〉 등을 연출한 이예지 PD를 영입했다.

또한 국내 최대 음원 사이트 멜론을 서비스하고 아이유 등을 자사 아티스트로 데리고 있는 로엔엔터테인먼트가 〈도깨비〉 〈시그널〉 등을 만든 스튜디오드래곤과 합작해 메가몬스터를 설립하고 본격적으로 드 라마 예능 PD 영입에 나섰다. SM, YG와는 언뜻 다른 모습 같지만 영 상 사업을 강화한다는 본질은 같다. 이러한 대형 음악 엔터테인먼트 기 업의 방송 프로그램 제작 움직임은 2018년에도 계속될 것으로 보인다.

자사 아티스트 띄우기와 이익 창출

SM, YG, 로엔과 같은 대형 음악기업들이 PD들을 영입하고 방송 프로그램 제작에 나서는 이유는 무엇일까? 그 많은 기획사 중에 왜 가요 기획사일까? 그 이유는 크게 두 가지로 정리해볼 수 있다. '자사 아티스트 띄우기'와 '이익 창출'이 그것이다. 한국에서 예능 프로그램은 일종의 '권력'이다. 이 땅에서 뮤지션을 띄우는 데 가장 효과적인 것은 바로 예능 프로그램에 출연시키는 것이다. 단적인 예시가 바로 〈프로듀스101〉이 배출한 워너원이다. 과거에도 그랬다. 〈나는 가수다〉가 임재범을, 〈슈퍼스타K〉가 버스커버스커를, 〈K팝스타〉가 악동뮤지션을 단숨에 전국구 스타로 만들었다. 한국에서 뮤지션들이 가장 출연하고 싶은 프로그램은 〈유희열의 스케치북〉이 아니라 〈무한도전〉이다. 음악계에서 실력을 인정받았던 자이언티, 혁오가 대중에게 유명세를 타기 시작한 것도 〈무한도전〉 덕분이었다. 가수의 예능 프로그램 출연은 명예는 주지 않을지언정 '지명도'와 '돈'을 쥐게 해준다.

한국 가요계는 오랫동안 예능 프로그램에 좌지우지되어왔다. 꽤 오랫동안 토대를 닦아온 각각의 음악 신scene들이 방송 프로그램 하나에 요동치곤 했다. 〈쇼미더머니〉를 통해 힙합 신이 울고 웃고, 〈탑밴드〉를 통해 인디 록 뮤지션들이 단체로 상처를 받은 것이 이 땅의 취약한 시장 상황이다. 다시 말해 방송 프로그램 하나가 히트하면 아티스트 한 명이 뜨는 것을 넘어서 음악 신 하나가 변화를 겪을 만큼 그 시장이 빈약한 것이다. 이러한 상황에서 음악 기획사가 예능 콘텐츠 사업에 뛰어드는 것은 어쩌면 당연한 행보일 것이다.

앞에서 언급했듯이 첫 삽을 뜬 것은 SM, YG다. 방송국과 긴밀하게 관계를 맺고 예능 프로그램에 자사 아티스트를 출연시켜온 이들은 이제 자체 제작한 프로그램을 통해 뮤지션 띄우기에 나섰다. SM과 미스틱엔터테인먼트는 여운혁 PD가 총괄을 맡고 이예지 PD가 연출한 웹 예능 프로그램 〈눈덩이 프로젝트〉를 통해 자사 가수들을 알리려 애썼다. 〈눈덩이 프로젝트〉는 SM과 미스틱의 첫 컬래버레이션으로 양 사의 아티스트들이 총출동하며 눈길을 끌었다.

약 3개월간 72부작의 짤막한 영상으로 편성한 〈눈덩이 프로젝트〉는 네이버TV에서 전체 재생수 1,000만 뷰를 돌파한 것으로 알려져 있다. 미스틱의 박재정, SM의 마크를 주연급으로 에피소드를 만들었으며, 그 외에도 양 사의 스타와 신인의 출연 비중을 적절히 안배해 신인을 알리려 노력했다. 이들은 웹 예능이라는 특징을 살려서 대형 포털 사이트와 연계를 공고히 했다. 네이버TV로 가장 먼저 전파를 탄 뒤 네이버 뉴스 영역에서도 지원을 받은 것이다. 〈눈덩이 프로젝트〉의 방송 내용이 기사화되면 네이버 뉴스에서 잘 보이는 메인 영역에 배치해 대중의 눈에 더 잘 띄게 하는 마케팅 방식이었다. 여러모로 자사 아티스트를 홍보하는 데 효과적인 방법인 셈이다.

이처럼 가요 기획사가 직접 예능 프로그램을 만들 경우 자사 아티스트 띄우기에 집중할 수 있다는 장점이 있다. 반면 방송국의 최고 미덕은 시청률이다. 방송국은 방송을 재미있게 만드는 것을 가장 중요하게 여기기 때문에 이를 위해서 출연진이 망가지는 것도 서슴지 않는다. 때문에 '악마의 편집'이란 것이 존재한다. 시청률을 위한 악의적인 편집 때문에 서바이벌 프로그램 중간에 출연자들이 출연을 거부하는 상황도 기사화된 바 있다. 이처럼 시청률과 출연진의 인기가 항상 정비례한 것은 아니었다.

아티스트의 멋진 모습을 보여주는 데 집중

/

　　가요 기획사의 자체 제작 예능 프로그램은 아티스트의 멋진
모습을 보여주는 데 집중할 수 있다. 여기서 짚고 넘어가야 할 것은 출
연 아티스트가 멋지게 보인다고 해서 그 프로그램이 재미있어지는 것
은 아니라는 사실이다. 과거에도 기획사들은 특정 아티스트를 띄우기
위해 리얼리티 프로그램을 제작했지만 대부분 시청자의 눈길을 끌지
못했다. 신인에게서 억지로 매력을 끌어내려 한 프로그램이 재미있기
는 힘들었을 것이다. 결국 일반 시청자가 아닌 특정 팬덤에만 어필하
고 사라졌다. 이는 기획사가 자체 제작하는 예능이 반면교사로 삼아야
할 사례라고 할 수 있다.

　방송국이 아닌 뉴미디어 채널의 음악 예능 프로그램 제작도 늘고
있는 추세다. 로엔은 자사 채널인 멜론, 원더케이를 통해 〈차트밖1위〉
라고 하는 색다른 방식의 예능 프로그램을 선보였다. 〈차트밖1위〉는
멜론에서 주간 차트 톱100에 들지 못한 101~300위를 소재로 하는 음
악 큐레이션 예능 프로그램이다. 김흥국, SG워너비 이석훈, 오마이걸
승희 등 각 세대별 아티스트가 출연해 차트 밖에 있는 음악을 소개한
다. 폴킴, 멜로망스와 같은 실력파 아티스트들은 이 프로그램에 직접
출연해 주목을 받았다. 인디레이블 소속 가수로 대중에게 다소 생소

했던 멜로망스는 프로그램 출연 후 역주행해 음원 차트 1위에 오르는 기염을 토하기도 했다. 이는 음원 사이트라는 플랫폼에 어울리는 맞춤형 콘텐츠가 거둔 성과이자 음원 차트 100위 위주로 소비되는 국내 현실을 타파하고자 하는 자정적인 노력의 일환이기도 했다.

그 외에 딩고뮤직은 〈오프더레코드, 수지〉〈핵지코〉 등의 특정 아티스트를 소재로 한 리얼리티 프로그램을 론칭해 팬들 사이에서 화제를 모았다. 이 프로그램들은 모바일 환경에 맞는 빠른 편집으로 눈길을 끌었다. 모바일 콘텐츠 앱 '피키캐스트'는 〈엄마가 잠든 후에〉라는 ASMR을 도입한 독특한 예능 콘텐츠로 10대 이용자들 사이에서 인기를 모았다. 이처럼 음악 기획사뿐만 아니라 기존의 뉴미디어 등을 통해 새로운 예능 프로그램들이 쏟아지고 있다. 바야흐로 방송국과 SNS의 경계를 넘어선 음악 예능 춘추전국시대가 열린 것이다.

음악의 힘을 예능으로 재단할 수는 없다

/

이런 가운데 YG는 〈믹스나인〉과 〈YG전자〉의 제작에 들어갔다. 현재 JTBC를 통해 방송되고 있는 〈믹스나인〉은 양현석 대표가 전국의 기획사를 직접 찾아가 새로운 스타를 발굴하는 리얼리티 서바이벌 프로그램이다. 각 기획사의 연습생들 중 최종적으로 남자 아홉 명, 여자 아홉 명이 그룹을 만들어 데뷔를 놓고 승부를 벌이게 된다. YG측은 남녀 성 대결을 재미 포인트로 설명하고 있다. 연출을 맡은 한동철 PD는

YG 아티스트들의 기획 회의에서 양현석 대표와 회사를 셀프 디스하는
장면을 담은 〈YG전자〉 티저의 한 장면.

본래 〈믹스나인〉을 〈프로듀스101-시즌 3〉로 구상한 것이라고 밝히며
대중의 호기심을 자극했다.

　예능 PD 모시기에 가장 많은 자본을 투자한 YG가 그리는 청사진
은 무엇일까? 〈믹스나인〉을 통해 워너원과 같은 인기 아이돌그룹이 탄
생하고, 〈YG전자〉를 통해 자사 아티스트들이 대중적인 인기를 얻어가
는 것이 소기의 목표일 것이다. 최근 자사 아티스트들의 음원 차트 성
적이 좋지 않은 YG로서는 자사 예능 프로그램을 통해 반등을 노리고
있음이 분명하다. 자사 예능 프로그램을 통해 위너, 아이콘이 제2의 빅
뱅이 되고, 블랙핑크가 제2의 2NE1이 될 수 있다면 YG의 투자는 헛된
노력으로 그치지 않을 것이다. 여기에서 멈추지 않고 대중적인 인기,
즉 시청률까지 잡는다면 거대한 미디어 그룹으로 나아갈 수 있는 토대
를 마련하는 것이다.

하지만 과연 예능을 정복한 자가 가요계도 장악할 수 있을까? 가요계는 그 어떤 엔터 분야보다 수많은 변수가 작용하는 곳이라는 점을 잊어선 안 될 것이다. 음악이 가진 본질적인 힘을 결코 예능으로 재단할 수는 없을 것이다.

힙합의 주연 가사,
저항과 비판인가? 디스와 센 척인가?

최초 비트의 음악으로 시작한 힙합은 랩이 가미되며 가사의 음악도 되었다. 물론, 오늘날 대부분의 장르에서 가사 또한 중요시하지만, 힙합에선 유달리 중요하다. 여타 장르에서의 가사가 잘하면 좋고 못해도 그만인 조연 정도의 비중이라면, 힙합에서의 가사는 명백한 주연급이다. 샘플링sampling의 미학이 1990년대 초반 미국의 보수 평단이 제기한 '힙합 사망설(힙합의 인기는 잠깐의 유행일 뿐이다. 멜로디가 없기 때문에 앞으로 몇 년 안에 자취를 감추게 될 것)'을 보기 좋게 일축하며 생명을 연장하고 힙합의 위상을 세웠다면, 라이밍rhyming에 기초한 가사의 미학은 그 위상을 더욱 견고히 하고 문학적인 가치를 더했다.

특히 힙합에서의 가사는 당대 사회의 적나라한 기록 자체였다. 1980년대를 기점으로 게토 출신, 혹은 여전히 게토를 벗어나지 못한

흑인 래퍼들이 거리의 은어와 비속어 등을 동원하여 일상에서 벌어지는 일들을 가사로 옮긴 덕이다. 그 과정에서 백인들이 가하는 인종차별과 사회적인 핍박의 역사가 고스란히 담겼다. 그리고 이처럼 현실의 문제점과 부당함을 비판하고 개혁을 부르짖는 가사가 부각되면서 힙합은 음악계를 넘어 사회적으로 큰 파문을 불러일으켰다. 그야말로 '흑인들을 대변하는 CNN'이나 마찬가지였다. 사회 저항적인 가사는 힙합의 전부가 아닌데도 힙합이 한 시대를 대표하는 장르가 되는 데 결정적인 역할을 했다. 또한 역설적이게도 백인들의 지갑을 열어 최고의 인기 대중음악 중 하나가 될 수 있었던 핵심 요소였다. 여전히 많은 이가 힙합을 저항의 음악으로 인식하는 것도 이러한 배경 때문이다.

왜 분노하고 비판하지 않는가!

/

　　2017년, 박근혜·최순실 국정농단 사건으로 한국 사회가 들썩일 당시, 많은 대중이 한국 래퍼들을 향해 '왜 분노하고 비판하지 않는가!'라며 안타까움을 표했다. 이는 힙합 가사의 저항적인 측면을 무엇보다 크게 인지한 상태였기에 나온 비판이었다. 흥미로운 사실 한 가지를 말하자면, 처음부터 힙합 가사가 저항적이었던 것은 아니다. 힙합이 경제적으로 어느 정도 뒷받침되었던 쿨 허크Kool Herc와 아프리카 밤바타Afrika Bambaataa 등이 주도한 '놀기' 위한 파티에서 탄생했다는 사실부터 주목할 필요가 있다. 그리고 랩이 도입되는 계기를 살펴야

처음부터 힙합 가사가 저항적이었던 것은 아니다. 힙합의 아버지 쿨 허크(오른쪽).

한다.

힙합의 아버지 쿨 허크는 두 대의 턴테이블과 믹서를 가지고 R&B 와 펑크 음악의 간주break 부분을 무한 반복시키는 기술을 통해 힙합의 탄생을 알렸다. 그가 파티 신을 장악한 이래 많은 DJ들은 사람들의 흥을 더욱 돋우기 위한 방편이 필요했다. 그래서 도입한 게 바로 반복적인 즉흥 멘트였다. 쿨 허크는 자메이카 DJ들이 주로 시전하던 전통적인 즉흥 보컬 기술인 토스팅toasting에 기반을 두고 브레이크 중간마다 라임과 리듬감을 갖춘 즉흥 멘트(우리 식으로 표현하자면 '다 같이 손뼉 쳐, 손뼉 쳐, 모두 같이 손뼉을 쳐~' 같은 일종의 조흥구와 비슷한 개념이다)를 곁들였는데, 점점 이 파트만을 맡아서 할 인물을 필요로 하게 되었다.

이를 위해 탄생한 역할이 바로 래퍼다. 그리고 초창기(1970년대 후반~1980년대 후반) 래퍼들의 가사는 저항이나 비판 정신과 거리가 멀었

다. 정식 프로덕션을 갖추고 만들어진 역사적인 랩/힙합 싱글들, 대표
적인 예로 슈거힐 갱Sugarhill Gang의 'Rapper's Delight'라든지 커티스 블
로Kurtis Blow의 'The Breaks'는 물론 본격적으로 상업 래퍼의 서막을 연
두 거장, 엘엘 쿨 제이LL Cool J와 런 디엠시Run DMC 역시 당시 발표한
데뷔작의 초점은 '흥겨움'과 '힙합 문화' 자체였다.

저항적인 가사의 필요성을 느끼다

/

　　　본격적으로 랩/힙합에 저항 정신이 덧씌워지게 된 것은 그로
부터 약 2년 뒤인 1987년이다. 바로 랩을 '블랙 CNN'이라 정의한 급
진적인 힙합 그룹 퍼블릭 에너미Public Enemy가 등장하면서부터다. 당대
의 주요 래퍼들처럼 파티 트랙을 만들었던 이들은 몇 번의 실패 끝에
엔터테인먼트적인 차별화와 저항적인 가사의 필요성을 깨닫고 매우
정치적인 색깔이 다분한 힙합 그룹으로 거듭났다. 비슷한 시기, 현재
는 힙합 거물이자 사업가인 닥터 드레Dr. Dre가 멤버였던 갱스터 랩 그
룹 N.W.A도 좋은 예다.

　　이들의 곡 대부분은 인종차별을 비롯한 사회적 억압에 저항하기 위
해 만든 것이 아니었다. 국내에서도 개봉한 그룹의 전기 영화 〈스트레
이트 아웃 오브 컴턴Straight Outta Compton〉에서도 어느 정도 묘사되듯이
N.W.A 멤버들은 이전의 랩에서 접할 수 없었던 이른바 '핫!'한 가사의
랩송을 고민했고, 그 방편으로 그들이 직간접적으로 보고 겪은 일들을

랩/힙합에 저항 정신이 덧씌워지게 된 것은
'블랙 CNN'이라 정의한 급진적 힙합 그룹 퍼블릭 에너미가 등장하면서부터다.

가사에 담았다. 그중 공권력의 투입까지 부른 문제의 싱글 〈Fuck Tha Police〉를 기점으로 이들의 존재감이 폭발하고 매체의 관심을 받게 되면서 자연스레 저항과 비판 정신의 이미지가 투영되었다.

즉 힙합에 저항 정신이 입혀진 것은 래퍼들의 노골적인 의지가 아니라 그저 하고 싶은 이야기를 담은 음악이 반향을 일으키면서 자연스럽게 이루어졌다는 사실이다. 다만, 이후의 분위기는 확실히 달라졌다. 저항적인 가사를 의식한 래퍼들이 하나둘 나오기 시작한 것이다. 적어도 힙합의 황금기라 불리는 1980년대 후반부터 1990년대 후반까지의 히트곡 약 70퍼센트 정도는 당대 사회의 부당함에 대한 날카로운 통찰과 매서운 비판 메시지로 무장한 곡들이었다. 그만큼 힙합이 대중음악의 중심부에 자리 잡게 되고, 더 나아가 문화적 현상으로 거론된 데는 분명 '저항'과 '비판' 정신의 가사가 매우 중요한 역할을 했다. 그리고 이때의 미국 힙합을 자양분 삼은 초기 한국 힙합의 가사도 주제와 소재는 다를지언정 큰 틀에서 저항 정신을 공유했다.

어두운 면 또한 존재하는 힙합의 가사

/

그런데 익히 알려졌다시피 힙합 가사엔 어두운 면 또한 존재한다. 래퍼들의 가사는 때때로 경탄할 만큼 문학적이고 기발하지만, 때때로 지나치게 선정적이고 폭력적이다. 특히 마약, 섹스, 총기 관련 소재는 오늘날 힙합 가사의 절반 이상을 차지할 정도다. 이 때문에 가사 논란이 불거지고, 래퍼들의 해명과 사과 혹은 무시가 이어진다. 2010년대 주류가 된 힙합의 서브 장르인 트랩 뮤직Trap Music과 최근 2~3년 사이에 또 다른 주류로 떠오른 멈블 랩Mumble Rap이 인기를 얻으면서 마약, 섹스, 총기 소재의 가사는 더욱 노골적으로 도드라졌다. 더불어 가사의 수준은 전반적으로 낮아졌다. 실제로 가사적인 미학을 일컫는 리리시즘lyricism의 부재가 심각해진 현실은 미국의 힙합 매체들도 종종 지적하는 지점이다. 이러한 소재를 감싸는 큰 주제는 자기과시, 일명 스웨그swag와 남성성 과시다. 그리고 이 같은 미국 힙합 가사의 경향은 최근의 한국 힙합에도 고스란히 반영됐다. 2017년도 마찬가지다.

당연히 장르의 발생을 비롯한 미국 래퍼들이 놓인 환경과 전혀 다른 환경에서 나고 자란 한국 래퍼들의 가사에서 마약이나 총기 소재의 가사를 보긴 어렵다. 그러나 큰 틀에서의 논조와 표현 방식 및 수위는 미국 힙합의 직접적인 영향 아래 있다. 단지 몇 년 전부터 이어져온 자기과시와 이를 통해 자연스레 결부된 디스성 가사만이 주를 이룰 뿐이다. 일례로 한국 래퍼들의 가사에서도 심심치 않게 볼 수 있는 'bitch'라든가 동성애자를 비하하는 표현들, 그리고 상대를 조롱하기 위해 여성을 끌어들이는 '네 여자친구도 나에게 반했지'류의 가사가 대표적인 예다. 무엇보다 스윙스가 이끄는 레이블 저스트뮤직 소속의 래퍼 블랙넛이 'Too Real'이란 곡을 통해 여성 래퍼 키디비KittiB를 성적 모욕한 사건은 현재 한국 힙합의 가사가 안은 심각한 문제점을 고스란히 노출한다.

이는 지난 5년간 Mnet의 랩 서바이벌 프로그램 〈쇼미더머니〉가 한국 힙합 신의 절대권력으로 군림해온 결과이기도 하다. 보통 〈쇼미더머니〉에 출연하는 래퍼들의 가사는 본인의 강함을 과시하는 것으로 시작하여 경쟁자를 비하 혹은 공격한 다음, 이루고자 하는 꿈이나 힘겨웠던 과거사를 끌어들여 감정에 호소하는 패턴으로 이어진다. 그리고 그 중심엔 '돈'으로 대표되는 물질적인 부가 있다. 비단 해당 시즌의 출연 래퍼들뿐만이 아니다. 이전의 〈쇼미더머니〉 출신 래퍼들과 그들에게 영향을 받은 다수의 신인 래퍼들의 결과물에서도 비슷한 패턴을 발견할 수 있다.

이는 꽤 많은 부분 〈쇼미더머니〉가 시청률로 대표되는 엔터테인먼트적인 성취를 위해 그동안 구축하고 지향해온 방향성으로부터 비롯한 것이다. 제작진은 출연 래퍼들 중 자극적으로 화제가 될 만한 이들을 선별하여 최고 위험수위 바로 밑까지 이용하다시피 한다. 〈쇼미더머니〉에 생사를 건 수많은 래퍼들은 자신도 모르는 사이에 휩쓸려서, 또는 철저히 자신의 성공 의지를 바탕으로 프로그램 제작진이 의도한 진행에 적극 동참했다.

맹목적인 흉내 내기 수준이 더욱 심화된 상태

/

물론 앞서 언급한 패턴에서 드러난 가사는 미국 힙합에서도 흔히 볼 수 있다. 하지만 여전히 슬럼가와 심각한 인종차별이 잔존하고 각종 범죄와 위험에 노출되어 살아가는 이들이 즐비한 그들의 상황에서 발현된 가사와 한 방송국이 기획한 쇼 안에서 발현된 가사를 표면상 비슷하다는 이유로 동일 선상에 놓는 것은 무리다. 한국 힙합의 주된 소재 중 하나인 자수성가, 이른바 '밑바닥으로부터의 성공 신화' 역시 극히 일부 래퍼의 결과물을 제외하면 쾌감 면에서 차이가 클 수밖에 없는 이유다.

그런 의미에서 2017년 최고의 한국 힙합 가사 중 하나로 우원재의 '시차'를 꼽을 만하다. 그는 한국 사회가 젊은이들에게 보편적으로 요구하는 삶의 방식에서 떨어져나와 꿈을 이루며 사는 모습을 근사한 은유와 짜릿한 라인의 조합으로 그려냈다. 큰 틀에서 보면 여느 래퍼들처럼 자기과시의 범주에도 들어가지만 그것을 풀어내는 수준에서의

우원재의 '시차'는 2017년 최고의 한국 힙합 가사 중 하나다.

차이가 곡의 위상을 갈랐다. 아래 가사의 라인을 보라.

야 일찍 일어나야 성공해 안 그래

맞는 말이지 다

근데 니들이 꿈을 꾸던 그 시간에

나도 꿈을 꿨지

두 눈 똑바로 뜬 채로

2018년에도 한국 힙합 가사의 경향은 비슷하게 흘러갈 것으로 예상한다. 〈쇼미더머니〉가 시즌을 이어나갈 것인지의 여부와 상관없이 프로그램이 남긴 영향은 쉽게 사그라지지 않을 것이기 때문이다. 또한 은연중에 한국 힙합 가사 일부에 깊숙이 침투한 일베식 표현의 여파도 무시할 수 없다. 사실 전 세계에서 미국 힙합의 경향을 별다른 필터링 없이 받아들여 재현하는 것에 집착하고 그렇게 나온 결과물이 인기를 얻는 것은 한국 힙합 신이 유일하다시피하다. 좋게 이야기해서 트렌드의 적극적인 반영이요, 좀 더 솔직히 평하자면 맹목적인 흉내 내기 수준이 더욱 심화된 상태다. 결국 한국 힙합 가사의 수준이 올라가기 위해 가장 필요한 것은 설득력 있는 로컬라이징이다. 그동안 한국 힙합에서 끊임없이 제기되어온 다양한 주제의 부재와 한영 혼용 논란 역시 이를 통해 어느 정도 해결할 수 있을 것이다.

샘플링,
이제는 짚고 가지 않을 수 없다

힙합은 DJ로 부터 탄생한 음악이다. 소규모 파티에서 쿨 허크가 선보인 혁신적인 디제잉(두 대의 턴테이블과 믹서를 가지고 R&B와 펑크 음악을 틀면서 곡의 간주 부분을 무한 반복시켰다)은 힙합 프로덕션의 초석이 되었다. 이후 등장한 디제이 대부분은 레코드판을 플레이하는 것에서 한 발 더 나아가 직접 비트를 만들기 시작했고, 그 과정에서 단순한 차용과 차별화되는 디지털 샘플링 작법이 꽃을 피웠다.

샘플링은 간단히 말해서 기존에 녹음되고 발표된 음악의 일부분을 차용해서 새로운 음악에 사용하는 것을 일컫는다. 빌려온 소리를 데이터로 바꾸고 그 데이터에 따라 다시 소리로 복원하는 과정인 샘플링은 가장 널리 알려진 아카이 사의 MPC 샘플러 같은 전용 장비나 PC용 소프트웨어를 통해 이루어진다. 원곡의 4마디 이상을 그대로 가져와서 반복시키는 방식부터 원곡의 일부를 잘게 쪼갠 다음 그 조각들을 이어 붙이는 방식에 이르기까지 다양한 시도를 통해 구현된다.

본격적으로 신이라 부를 수 있는 판이 짜인 1999년 즈음부터 2000 년대 초·중반까지의 한국 힙합 음악에서 주요 지분을 차지한 것도 샘플링이었다. 물론 퍼블리싱에 대한 개념조차 제대로 잡혀 있지 않았던 터라 무단 샘플링이 횡행한 것은 짚고 넘어가야 할 부분이지만, 어쨌든 당대의 힙합 음악 중엔 샘플링 특유의 질감을 부각한 곡들이 많았다. 1990년대 미국 동부의 힙합 스타일이 주를 이루던 한국 힙합 프로덕션에 일대 전환기가 온 것은 대략 2010년대에 들어서면서부터다.

2010년대, 얼마나 빨리 그들의 트렌드를 좇는가

한국 힙합 초창기엔 미국 힙합을 최대한 비슷하게 구현하는 데 주력하거나 한국적인 색채를 더하려는 시도가 공존했다. 이 시기를 지나 프로덕션의 방향은 점차 전자로 기울어졌고, 어느 정도 비슷한 구현이 가능해지면서부터는 미국 힙합 신의 트렌드와 보폭을 완전히 같이하기에 이르렀다. 이제는 얼마나 비슷한가가 아니라 얼마나 빨리 그들의 트렌드를 좇는가가 관건이 되었다. 그 시작점이 바로 2010년대다. 그리고 그 중심엔 도끼와 콰이엇이 2011년에 설립한 일리네어레코즈ILLIONAIRE RECORDS가 있다.

이들은 미국에서 유행하던 트랩 뮤직과 블링블링 이미지를 앞세워 폭발적인 인기를 누렸다. 음악적으론 '미국 힙합의 최신 트렌드를 제대로 구현했다'는 평과 '미국 힙합의 트렌드를 그저 카피한 수준'이라는 평이 엇갈렸다. 흥미로운 건 이 같은 평이 비단 그들에게만 해당하는 건 아니라는 사실이다. 현재 한국 힙합의 주류를 이루는 아티스트의 음악 대부분이 여기에서 자유롭지 못하다. 그만큼 2017년의 한국 힙합 프로덕션 역시 미국 힙합 트렌드의 강력한 영향권 아래 있었고, 호평과 혹평이 교차했다. 세계의 주요 힙합 신을 살폈을 때 이렇듯 미국 힙합 트렌드에 매우 민감하게 반응하며 스펀지처럼 흡수하는 신은 한국이 유일하다시피하다. 그런 의미에서 최근의 한국 힙합 트렌드는 세 가지 키워드를 통해 논할 수 있다. 트랩 뮤직, 래칫 뮤직Ratchet Music, 랩 싱잉Rap-Singing이 그것이다.

한국 힙합 트렌드의 세 가지 키워드

/

　　가장 중심이 되는 것은 트랩 뮤직이다. 2000년대에 들어서면서 미국 메인스트림 힙합계의 주도권을 쥐기 시작한 남부 힙합Southern Hip hop 사운드는 장르의 울타리를 뛰어넘어 R&B와 팝 음악 전반에 깊숙이 파고들기 시작했다. 현재까지 작법적으로나 스타일로 막강한 영향력을 과시하는 중이다. 그리고 트랩 뮤직은 클럽 사운드에 기반을 둔 남부 힙합의 울타리 안에서 태어났다. 이 장르는 '잡다한 사운드 소스를 최대한 배제하고 단출하고 잘게 쪼갠 808드럼＋때로는 과용이다

트랩 뮤직의 대표주자인 트래비스 스콧.
트랩 뮤직에서는 마약과 총기 관련 소재가 주로 다뤄진다.

싶을 정도로 부각한 날카롭고 진중한 무드의 '신시사이저'를 배합하여 '클럽 뱅어와 공격적이고 하드한 비트의 중간 즈음에 위치하는' 음악으로 정의할 수 있다. 즉 클럽에서 신나게 리듬을 타며 즐기기에 최적인 음악임과 동시에 거리에 앉아 어깨에 힘 좀 주고 들썩이며 듣기에도 안성맞춤인 스타일의 음악이다.

　가사에서도 중요한 특징이 있다. 시간이 흐르면서 폭이 약간 넓어지긴 했지만 트랩 뮤직에서 주로 다뤄지는 소재는 마약과 총기 관련이다. 'Trap'이라는 단어에 담긴 '덫' '올가미' 등의 뜻처럼 한번 빠지면 헤어나오기 어려운 마약이 여러모로 트랩 뮤직 안에서 상징적인 소재로 쓰인 것이다. 특히 자극적인 사운드와 가사가 대부분인 트랩 뮤직은 스트립 클럽에서 자주 플레이되었다. 레이블의 A&R(아티스트와 음

래칫 뮤직의 대표주자 와이쥐.
래칫은 극도로 단순함과 반복을 핵심으로 한다.

악을 관리하는 전문가)과 홍보 담당자가 자사 아티스트의 신곡에 대한 첫
반응을 스트립 댄서들로부터 확인할 정도였다. 이 때문에 트랩 뮤직은
스트립 클럽 최적화 힙합으로 일컬어지기도 한다.

2014년 즈음부터 무섭게 떠오른 래칫 뮤직은 트랩 뮤직에서 파생
했다.

클럽은 물론 각종 힙합 라디오 방송국과 빌보드 싱글 차트를 휩쓸
며 가히 폭발적인 인기를 누리던 트랩 뮤직의 기세가 살짝 꺾여가던
시기였다. 래칫은 극도로 단순함과 반복을 핵심으로 한다. 트랩보다
더욱 미니멀하고 기존의 클럽용 힙합보다 더욱 노골적으로 스트립 클
럽을 노린다. 재미있는 것은 프로덕션과 가사 면에서 워낙 단순함을
추구하다보니 클럽과 라디오를 강타한 인기만큼이나 평단과 힙합 팬

들의 모진 질타 또한 뒤따랐다는 점이다. 그래서 한두 곡의 싱글 히트
는 이어졌을지언정 앨범 단위의 결과물은 음악적인 성과 면에서 성공
적이지 못했다. 물리적인 수도 적었다. 하지만 이 계열의 선구자들인
디제이 머스타드DJ Mustard와 래퍼 와이쥐YG 등이 기존의 래칫에서 한
발 더 나아가는 시도를 성공으로 이끌며 생명을 연장했다. R&B나 다
른 힙합 서브 장르와의 결합을 꾀한 것이다.

이처럼 트랩 뮤직과 래칫 뮤직의 전성기를 지나는 가운데 새로운
트렌드로 부상한 보컬 스타일이 바로 랩싱잉이다. 말 그대로 랩과 노
래를 병행하는 보컬 형식을 일컫는다. 오늘날의 힙합 신에는 두 보컬
형식을 능숙하게 구사하거나 경계를 완전히 허물어버리는 래퍼들이
꽤 존재한다. 1990년대만 해도 금기시되던 '래퍼들이 노래하는' 시대

랩과 노래를 병행하는 보컬 형식인 랩싱잉의 대표주자인 영 터그.

가 온 것이다. 그 곁엔 오토튠 작법이 함께했다. 퓨처Future, 타이 달러 사인Ty Dolla $ign, 드레이크Drake, 영 터그Young Thug, 페티 왑Fetty Wap, 챈스 더 래퍼Chance the Rapper, 키드 커디Kid Cudi 등이 대표적인 아티스트다. 특히 이들은 1990년대 초반부터 힙합 프로덕션에서 노래해온 힙합 소울 아티스트들과도 성격이 다르다. 힙합 소울이 엄연히 R&B 아티스트의 주도 아래 이어져온 장르라면, 반대로 랩싱어의 정체성은 R&B를 껴안은 힙합 아티스트다.

카피캣 논란, '자기화'의 과정을 거치는 게 중요

/

이상의 세 가지 키워드는 근래 발표되는 한국 힙합 프로덕션의 가장 큰 부분을 차지한다 해도 과언이 아니다. 앞서 언급한 일리네어레코즈는 물론, 박재범이 이끄는 AOMG와 스윙스가 이끄는 저스트뮤직 등의 유력 레이블 소속 아티스트들, 그리고 Mnet의 〈쇼미더머니〉를 통해 인기를 얻은 다수의 래퍼들이 이 같은 흐름 안에 있다. 순수하게 재현의 측면에서만 따진다면 현재의 한국 힙합 프로덕션은 미국 힙합의 수준에 육박한다. 그만큼 발전했다고도 볼 수 있지만 실상은 카피캣 논란 또한 빈번하게 벌어지는 중이다.

그 원인을 한 가지로만 대변할 수는 없을 것이다. 그러나 한국에서도 힙합이 주류로 올라온 현재, 과거부터 이어진 메이저 가요계의 작곡 환경을 살펴보면 중요한 배경을 발견할 수 있다. 바로 레퍼런스 관행이다. 온전한 의미에서의 '독창성'이란 허상에 가까운 현대 음악계에서 레퍼런스 자체를 문제삼을 수는 없다. 하지만 과도하다면 이야기가 달라진다.

매년 한국 힙합 신에서는 몇몇 아티스트들이 특정 미국 래퍼나 프로듀서의 스타일, 혹은 곡을 따라했다는 문제 제기가 이어진다. 2017년도 마찬가지였다. 유력 레이블 소속이거나 인디에서 인기를 얻은 힙합 아티스트 일부는 정말 복사 후 붙여넣기를 살짝 벗어나는 수준의 음악 탓에 조롱에 가까운 비판을 받았다. 트랩 뮤직과 랩싱잉 스타일을 직접 구현해보고자 하는 욕구가 '자기화'의 과정을 거치지 못한 채 드러나 좋지 않게 귀결된 경우였다.

시간이 흘러 인터넷 환경이 발전하고 미국의 최신 음악을 직접 흡수할 수 있게 되면서 한국의 작곡 환경은 팝 음악계의 흐름과 맞물려 돌아가기 시작했다. 특히 메이저에서 활동하는 많은 작곡가들은 누구보다 팝계의 유행에 민감했다. 그렇기에 최근 미국 힙합의 경향인 트랩, 래칫, 랩싱잉이 한국에서도 실시간 유행하는 것은 자연스러운 일 일지도 모른다. 한편, 2000년대 들어 새롭게 등장한 젊은 작곡가들 중에는 이미 자라면서 힙합의 감성이 자연스럽게 몸에 밴 이들도 있을 것이다. 하지만 어느 쪽이든 영향 혹은 참고란 것이 특정 곡이나 스타일을 교묘하게 베끼는 방식으로 표출되니 문제다. 음원 차트에서의 높은 인기와 높아진 구현 수준과는 극단에 있는 한국 힙합 프로덕션의 어두운 단면이다.

미국 힙합 트렌드에 연연하지 않는 음악이 필요

/

무엇보다 이것이 표절 논란의 근원이 된다는 점과 '케이팝의 위상' 운운하는 현실을 고려하면 지금이라도 반드시 심각하게 짚고 넘어가야 할 부분이다. 음악인, 관계자, 전문가, 팬들은 지금보다 더욱 치열하게 이 지점에 관해 이야기해야 한다. 미국의 트렌드를 좇는 곡과 과거의 스타일에 영향받은 곡들이 보기 좋게 공존하고, 완성도 또한 탁월한 작품이 쏟아진 R&B/소울 신을 좋은 본보기로 삼아도 좋을 것이다.

한국 힙합 프로덕션의 트렌드는 미국 힙합의 트렌드를 보면 쉽게 파악하고 예견할 수 있다. 미국에서 트랩 뮤직과 래칫 이후 선풍을 일으키는 중인 멈블 랩(가사의 전달력에 신경 쓰지 않고 중얼거리듯이 뱉는 랩 스타일을 일컫는다)이 새해 한국 힙합의 주요 키워드가 될지도 모른다. 이를 세계적인 흐름에 발 빠르게 대응하는 것으로 생각하거나, 혹은 최신 미국 힙합과 견줄 만한 수준에 올라선 것으로 평할 수도 있을 것이다. 하지만 뒤집어서 얘기하면 그만큼 한국 힙합만의 색이 부족하다는 뜻이기도 하다.

여기서 '한국 힙합만의 색'이란 국악 요소를 작위적으로 섞는 시도라든지 대중성을 빌미로 양산한 랩 발라드를 일컫는 것이 아니다. 미국 힙합의 트렌드에 연연하지 않는 음악, 혹은 그대로 재현하는 것에만 그치지 않고 과감한 실험을 감행한 음악 등을 뜻한다. 재현에 대한 강박이나 동경에서 벗어나면 의도하지 않아도 한국 힙합만의 정서가 담기고 드러나게 되어 있다. 이는 프랑스와 독일을 비롯한 몇몇 유럽 힙합 신을 보면 체감할 수 있다. 〈쇼미더머니〉로 실제 수준보다 훨씬 부풀려진 지금의 한국 힙합 신엔 보다 강한 개성과 과감한 시도가 무엇보다 절실히 필요한 시점이다.

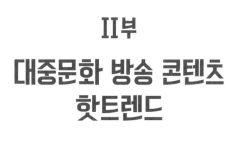

II부

대중문화 방송 콘텐츠
핫트렌드

'대중이 주인'이 되는
리얼리티의 시대

리얼리티,
타인의 공감을 바탕으로 한 힐링

최근 방송은 카메라를 설치해두고 그 안에 포착되는 사람들의 면면을 관찰하는 이른바 '관찰 카메라' '관찰 예능'이 하나의 트렌드를 이루고 있다. 관련 프로그램도 많아지고 내용이나 소재도 점점 다양해지고 있다. 집 안에 카메라를 설치해두고 그 삶을 들여다보는 방식도 있지만, 국내는 물론이고 해외여행을 하면서 벌어지는 일들을 가감 없이 담아내는 방식도 등장했다.

또 최근에는 그저 여행이 아니라 현지에 가게를 열거나 하는 식의 미션과 결합하는 방식도 나오고 있고, 특정 지역을 여행하며 그곳의 정보를 소재로 지식 수다의 묘미를 보여주는 새로운 교양적 접근에도 여지없이 관찰 카메라가 사용된다. 바야흐로 지금이 본격적인 관찰 예능의 시대라는 걸 알려주는 징후가 아닐 수 없다.

관찰 예능은 이미 2000년대 이전부터 세계적인 트렌드로 자리했던 '리얼리티 쇼'의 우리식 표현이라고 할 수 있다. 사실 우리도 당시 실제 상황을 담아내는 리얼리티 쇼를 시도했다. 예를 들어 〈경찰청 사람들〉 같은 프로그램이 대표적이다. 이 프로그램은 실제 사건을 담당한 경찰이 나와 그 사건에 대한 이야기를 직접 들려주는 방식을 썼다.

하지만 이런 리얼리티 쇼가 국내에 정착하지 못했던 것은 당시만 해도 타인의 사생활을 들여다본다는 것에 대한 정서적인 불편함 때문이었다. 특히 웃음을 주는 예능 프로그램에서 이런 불편함은 용납되기 어려운 것이었다. 그래서 대안으로 등장한 것이 〈무한도전〉이나 〈1박 2일〉 같은 리얼 버라이어티 쇼였다. 일반인 대신 연예인이 출연하고 사적인 면을 캐릭터화해 보여주는 방식을 쓴 것이다. 그리고 그로부터 10여 년이 흐른 지금, 리얼 버라이어티 쇼는 구세대의 예능 프로그램 형식으로 인식되어가고 있다.

사생활을 보여주는 게 익숙한 투명사회

10여 년의 역사를 지닌 〈무한도전〉과 〈1박 2일〉은 어느새 추억을 공유하는 프로그램이 되었다. 지금 가장 뜨거운 프로그램이라기보다는 함께 웃고 울며 시간을 보낸 시청자들의 팬덤으로 유지되는 프로그램인 것이다. 따라서 이외의 리얼 버라이어티 형식(캐릭터 쇼)들은 대부분 사라지거나 사라져갈 운명에 처해 있다. 이미 리얼리티 쇼가 꺼내놓은 진짜 꽃을 본 시청자는 더 이상 리얼 버라이어티 쇼가 보여주는 '조화'에 만족할 수가 없게 되었다. 그렇다면 리얼리티 쇼는 그동안 대중이 갖고 있던 그 정서적 불편을 어떻게 상쇄시키며 연착륙할 수 있었을까.

그것은 리얼리티 쇼가 '관찰 예능'이라는 외피를 쓰고 등장한 것과 무관하지 않다. 이를테면 〈짝〉 같은 일반인이 참여하는 리얼리티 매칭 프로그램은 처음 시작은 교양 다큐 형식으로 달라지고 있는 연애관이나 결혼관을 '관찰'한다는 명분으로 만들어졌다. 하지만 이 프로그램은 향후 교양 다큐의 틀에서 벗어나 본격적인 예능 프로그램으로서의 '관찰'로 변모해갔다. 즉 '관찰'이라는 조금은 '연구적인' 시각을 강조함으로써 타인들의 사생활을 들여다보는 것에 대한 나름의 이유와 취지를 제시했다. 그리하여 조금씩 시청자에게 리얼리티의 세계를 익숙하게 만들었던 것이다.

또한 이들 '관찰 카메라'는 그 관찰 대상에 있어서도 반감이 적은 대상을 소재로 채워넣었다. 그 대표적인 사례가 〈아빠 어디가〉나 〈슈퍼맨이 돌아왔다〉 같은 육아 예능이다. 누군가의 사생활을 관찰하는 것이 주는 불편함을 아이를 바라보는 가족의 시선으로 돌림으로써 극복해내려 했던 것이다. 이후 관찰 카메라는 아이에서 배우자나 부모, 시부모 등 가족을 관찰하는 방향으로 확대되었다. 〈자기야 – 백년손님〉이나 〈미운 우리 새끼〉 같은 프로그램이 대표적이다.

타인의 삶과 취향을 보는 것만으로도 충분

/

또 하나의 중요한 변화는 미디어의 다변화로 사생활 노출 경험 또한 익숙해졌다는 점이다. 스마트폰 같은 개인 미디어들이 SNS와 결합해 만들어낸 건 이른바 '투명사회'다. 이제 대중은 누가 시키지 않아도 스스로 자신의 사생활을 카메라로 찍어 공유한다. 그것은 엄밀히 말해 한때는 숨기려 했던 사생활을 보여주고 보는 것이 이제는 익숙한 일상이 되었다는 뜻이기도 하다.

이러한 미디어 경험은 사생활 공개에 대한 민감함을 상쇄한다. 게다가 동시에 영상에 더 리얼함을 요구하게 만든다. 이제 직접 영상을 찍어 올리는 경험을 하는 대중은 방송 프로그램이 진짜인지 아닌지를 쉽게 알아차릴 수 있게 되었다. 방송에서 가끔 벌어지는 '조작 논란'이 말해주는 것은 그만큼 전문가의 눈을 갖게 된 일반 대중의 영상에 대한 식견이다. 이렇게 달라진 눈높이에 캐릭터 쇼 같은 인위적으로 설정된 이야기들이 주는 재미는 반감되기 마련이다.

〈나 혼자 산다〉 같은 관찰 카메라 프로그램은 처음 시작할 때만 해도 1인 라이프스타일을 보여주는 것에 초점을 맞췄다. 즉 우리네 가구 중 4분의 1이 1인 가구라는 걸 강조하면서 그 새로운 문화를 소개했던 것이다. 하지만 이렇게 시작했던 프로그램이 이제 군이 1인 라이프스타일에 집중하지는 않는다. 대신 타인의 삶과 취향을 보는 것만으로도 충분해졌다. 〈나 혼자 산다〉의 이러한 변화는 리얼리티 쇼가 본격적으로 우리 예능 트렌드로 자리했다는 걸 말해준다.

리얼리티 쇼는 다양한 방식으로 변주되었다. 〈삼시세끼〉가 시골 정착형 리얼리티 쇼로서 소소함 속에 숨겨진 특별한 일상을 발견하는 재미를 선사했다면, 〈꽃보다 할배〉〈꽃보다 청춘〉 같은 프로그램은 해외 여행을 밀착 관찰하는 즐거움을 주었다. 이런 소재들은 과거 다큐멘터리가 했던 영역이라는 것은 그리 놀라운 일이 아니다. 그것은 리얼리티 쇼라는 프로그램 형식 자체가 다큐에서 시작된 것이기 때문이다. 다만 예능적인 요소들이 더 가미되면서 예능 프로그램화했을 뿐이다.

〈알아두면 쓸데없는 신비한 잡학사전〉(이하 〈알쓸신잡〉) 같은 인문학을 소재로 하는 프로그램도, 〈비긴 어게인〉 같은 음악 버스킹 여행을 소재로 하는 프로그램도, 또 〈한끼줍쇼〉처럼 타인의 저녁 풍경 속으로

음악 버스킹 여행을 소재로 한 〈비긴 어게인〉은
리얼리티 쇼 형식을 바탕으로 하고 있다.

티인의 저녁 풍경 속으로 들어가는 〈한끼줍쇼〉도
리얼리티 쇼 형식을 바탕으로 하고 있다.

들어가는 프로그램도 이제는 리얼리티 쇼 형식을 바탕으로 하고 있다. 한때는 대부분의 프로그램이 리얼 버라이어티 형식의 캐릭터 쇼를 근간으로 했던 것과는 사뭇 달라진 풍경이다.

대중의 열망을 담은 판타지적 미션

이처럼 일상을 소재로 한 트렌드로 들어온 리얼리티 쇼는 최근 일종의 미션을 부가하던 리얼 버라이어티 시절의 요소들까지 더하고 있다. 예를 들어 〈윤식당〉은 해외여행이 아니라 해외에 나가서 한식당을 운영하는 내용을 담았다. 여행이야 그 자체가 우리가 실제로 경험하는 리얼리티라고 볼 수 있지만, 〈윤식당〉 같은 해외에서의 장사(?)는 실제 경험에서는 살짝 벗어난 일종의 미션인 셈이다. 그건 방송을 찍는 시기에는 진짜로 장사를 하는 것이 맞지만 방송이 끝나면 장사를 하던 연예인들은 모든 걸 접고 귀국할 수밖에 없다. 즉 〈윤식당〉은 일종의 미션을 리얼하게 수행한다는 점에서 리얼 버라이어티적인 요소가 내재된 리얼리티 쇼라고 할 수 있다.

〈효리네 민박〉도 마찬가지다. 제주도에 사는 이효리와 이상순 부부의 집에서 민박을 한다는 콘셉트의 리얼리티 쇼인 이 프로그램은 실제로 일반인들이 이 집에 와서 민박을 하는 과정을 담담히 담아냈다. 하지만 촬영이 끝나면 이 집은 민박집 타이틀을 떼게 된다는 점에서 이것 역시 하나의 미션이라고 볼 수 있다.

이처럼 리얼 버라이어티 쇼의 미션이 부가된 리얼리티 쇼의 경우, 그 미션 속에 당대 대중의 정서적 열망을 담는 경향이 강하다. 즉 〈윤식당〉 같은 경우 해외에서 한식당을 연다는 미션에 담겨 있는 것은 '새로운 곳에서 새롭게 시작하고 싶은 판타지'를 건드린다. 현실적으로는 그렇게 한식당을 오픈해 새로운 삶을 살아간다는 것이 결코 쉽지 않지만, 〈윤식당〉은 이 부분을 판타지적 미션으로 차용해서 1호점이 단 하루 영업을 하고 철거되는 비운을 겪었는데도 2호점을 바로 준비해 성업하는 즐거움을 만끽할 수 있었다.

또 〈효리네 민박〉도 민박집을 운영한다는 것은 실제로는 수지타산을 맞춰봐야 하는 일이지만, 이곳에서는 방송을 위한 미션의 하나로서 무료로 운영한다는 점 때문에 이효리와 이상순 주인 내외와 직원으로 아이유가 있는 그 공간에서 일반인들과의 즐거운 한때가 가능했다. 시청자는 이러한 판타지적 미션이 부가된 〈효리네 민박〉을 통해 민박 영업의 어려움 따위는 삭제한 채 오롯이 좋은 민박집 주인이 함께하는 제주에서의 며칠간을 그 일반인 출연자를 통해 즐길 수 있었다.

이러한 리얼 버라이어티 쇼의 미션이 가미되어 현실을 적나라하게 드러내기보다는 오히려 판타지적 상황을 만들어내는 프로그램들은 리얼리티 쇼의 우리식 진화를 보여주고 있다.

내가 살아가는 방식이 저들과 다르지 않다

/

그런데 왜 사람들은 타인의 일상을 들여다보는 걸 좋아할까. 아무래도 본능적인 것이라고 볼 수 있다. 물론 관음증적인 도착을 말하는 게 아니다. 다른 사람들은 어떻게 살아갈까 하는 궁금증이 본능적으로 사람들에게 있다는 것이다. 특히 최근 들어 대중은 타인의 취향을 보는 것에 관심을 갖는다.

해외에 나가서 한식당을 운영하는 것을 관찰 카메라로 보여준 〈윤식당〉 역시 가장 주목했던 것은 외국인들이 보여주는 취향이다. 외국인들이 우리 음식인 불고기, 라면, 파전 같은 걸 먹으며 어떤 반응을 보이느냐에 대한 관심이 특히 컸던 것. 대부분의 외국인들이 꽤 만족스러워하는 모습을 보일 때마다 시청자도 왠지 뿌듯해졌다. 우리 음식이 외국인들에게도 똑같이 취향이 맞는다는 걸 확인할 수 있어서다. 결국 관찰 예능이 대중의 마음을 사로잡는 것은 자신과는 다른 타인의 취향을 들여다보는 것이고 거기서 공유점을 발견하는 지점이다.

우리 사회는 갈수록 '각자도생各自圖生'의 양상을 띠고 있다. 저마다 스스로 살아남아야 하는 것이다. 그러다보니 개인화된 삶 속에서 느끼는 고립감과 외로움은 더욱 커질 수밖에 없다. SNS가 그 대안이 되긴 어렵다. 무수히 많은 네트워크로 사람과 사람을 이어주기는 하지만 그것이 진정한 관계로까지 나아가기보다는 오히려 관계의 피곤을 만들어내는 경우가 더 많기 때문이다. 그런데도 우리는 타자와 공감대를 갖고 싶어 한다. 내가 살아가는 모습이 저들과 다르지 않다는 걸 확인받고 싶어 한다. 관찰 카메라가 보여주는 타자의 취향은 그래서 공감대를 형성하게 될 때 그 자체만으로도 위로와 위안을 준다. 최근 들어 관찰 카메라가 그저 관찰을 넘어 공감대를 바탕으로 한 힐링으로 나아가는 것은 바로 이런 대중 심리 때문이라고 할 수 있다.

주인이 된 대중, 일반인이 잠재적 연예인으로

한때 TV는 방송 전문가들의 전유물이었다. 그래서 거기 등장하는 이들은 당연히 연예인들이었고 그들은 일반인인 우리와는 다른 존재로 인식되었다. 하지만 일반인도 영상을 찍을 수 있게 되면서 그동안 신비의 영역이었던 방송의 아우라는 사라져버렸다. 저마다 스마트폰을 들고 누구나 기자가 되고 나 홀로 방송인이 될 수 있는 시대가 아닌가.

이런 변화 속에서 연예인들만의 이야기는 더 이상 시청자의 관심을 끌지 못했다. 그래서 오디션 프로그램에서 커플 매칭 프로그램까지 일반인이 참여하는 프로그램이 쏟아져나왔다. 하지만 그것 역시 문제가 없는 것은 아니었다. 연예인들처럼 검증된 인물이 아니라는 점에서 일반인의 출연은 위험성이 있었다. 〈짝〉 같은 프로그램은 그래서 한 일반인 참가자가 자살이라는 극단적인 선택을 하면서 폐지되었다.

이후에 연예인은 아니지만 그래도 검증된 존재로서 연예인 가족이 등장하는 프로그램이 또 하나의 트렌드를 만들었다. 하지만 이 역시 궁극적인 대안이 될 수는 없었다. 특히 갑과 을로 나뉘는 불평등 사회에 대한 인식이 커지고 그래서 가진 자들이 특혜를 누리는 것에 대한 대중의 사회적 공분이 커지면서 연예인 가족을 바라보는 시선도 달라졌다. 연예인도 한 자녀의 부모라는 공감의 관점으로 봐왔던 시선은 연예인의 자녀이기 때문에 방송 출연을 쉽게 하는 특혜를 받는다는 박탈감의 시선으로 바뀌었다. 결국 연예인 가족이 출연하는 프로그램들은 그 안에 '특혜적인 요소'가 있는가의 여부에 따라 호불호가 나뉘고 성패도 갈리는 흐름을 보였다.

이러한 트렌드 변화에 따라 이제 예능 프로그램은 연예인과 일반인이 공존하는 방식으로 진화하기 시작했다. 〈효리네 민박〉〈한끼줍쇼〉 같은 프로그램은 연예인만큼 일반인이 주인공이 된 시대의 변화를 읽어낼 수 있다. 방송이 독점하던 권위와 아우라는 무너졌고 대신 대중이 그 자리를 조금씩 차지하고 있다.

사람과 사람의 만남이 있을 뿐

/

JTBC 〈효리네 민박〉은 제주도에 사는 이효리, 이상순 부부의 집에 참여 신청을 해 뽑힌 일반인들이 며칠간 민박을 하는 콘셉트로 꾸려졌다. 관찰 카메라 형식을 취하고 있어 집 안 곳곳에 카메라가

이효리, 이상순 부부의 남다른 제주살이에 대한
대중의 궁금증을 풀어준 〈효리네 민박〉.

설치되어 있을 뿐 제작진은 잘 보이지 않는 이 프로그램은 그래서 대
중이 그동안 궁금해하던 이효리, 이상순 부부의 남다른 제주살이에 대
한 궁금증을 풀어준다. 새벽마다 요가를 다니는 이효리와 살뜰하게 집
안일을 챙기고 작업실에서 음악 작업을 하는 이상순이 우리와 별다를
바 없이 살아가는 모습이 이 민박집의 풍경이다. 특별한 일이 벌어지
지 않지만 바로 그런 '미니멀 라이프'의 느낌이 보는 이들의 마음을 채
워준다. 게다가 이 민박집 직원으로 들어온 이지은(아이유)도 우리가
무대나 뮤직비디오를 통해 봤던 그 아티스트와는 사뭇 다른 모습이다.
허당기 가득한 모습에 틈틈이 초콜릿을 챙겨먹는 이 영락없는 소녀는
누구에게나 고운 마음 씀씀이로 시청자를 사로잡는다.

　이효리에 이상순, 그리고 이지은까지 출연진은 실로 화려하다 할

수 있지만 이 프로그램의 진짜 주역은 이들이 아니다. 이 민박집을 찾아온 손님들이다. 〈인디애나 존스〉의 음악과 함께 등장하는 두 명의 아재 모험가는 제주 곳곳에 그렇게 많은 비경이 있었던가 할 정도로 숨겨진 모험지(?)를 찾아다닌다. 멋진 노부부가 마치 친정 부모처럼 갖가지 음식으로 효리네 민박을 더욱 풍족하게 만들어주고, 이지은과 동년배의 유쾌 발랄한 소녀들은 그녀의 진짜 친구처럼 스스럼없이 지내는 모습을 보여준다. 유독 밝은 에너지로 모두의 사랑을 받았던 3남매는 일찍 돌아가신 부모님의 이야기로 먹먹한 감동을 주고, 청각 장애를 가진 한 모델 소녀와 이효리가 바닷가에서 마음으로 듣는 파도 소리에 대해 나눈 이야기는 잔잔한 울림을 남긴다.

이들 일반인 주인공들이 중심에 서면서 연예인들은 이들을 지지해주는 자리로 한 걸음 물러난다. 그러면서 일반인들은 자신들이 출연자라는 의식이 점점 사라진다. 다만 사람과 사람의 만남이 있을 뿐이고, 그 만남 사이에 벌어지는 꽤 담담해도 은근히 전해지는 마음이 있을 뿐이다. 물론 일반인들은 이효리와 아이유, 이상순을 눈앞에서 보는 것에 신기해하지만, 그것은 잠시일 뿐 그 후에는 오히려 이 손님들을 위해 헌신하는 연예인들이 보이고, 그로 인해 일반인들의 매력적인 면면이 자연스럽게 프로그램 전면에 묻어난다.

일반인 출연자에 대한 존중과 그래서 그들이 서서히 그 민박집에 스며드는 과정은 고스란히 시청자가 이 프로그램에 몰입하는 과정이 된다. 어느 순간 연예인과 일반인의 경계가 스르르 사라지는 것이다. 〈효리네 민박〉이 성공한 것은 이효리라는 당대의 트렌드세터로서의 매력적인 연예인이 있어서만이 아니다. 그들 연예인과 일반인의 경계가 조금씩 허물어지고 그래서 똑같은 사람으로서 서로 어우러지는 모습을 보여주는 그 수평적 관점이 시청자의 마음을 열었다고 볼 수 있다.

동시대를 살아가는 이웃들이 풀어놓는 공감 가득한 이야기보따리

/

〈효리네 민박〉이 이효리와 이상순 같은 톱 연예인의 집으로 일반인을 초대한다면, JTBC 〈한끼줍쇼〉는 정반대로 이경규와 강호동이라는 한때 최고의 MC들이 이 동네 저 동네 기웃거리며 저녁을 함께할 집의 초인종을 누른다. 제아무리 유명한 연예인이라고 해도 숟가락 하나 달랑 들고 아무 집이나 찾아가 밥 한 끼 달라는 그 일이 쉬운 건 아니다. 그래서 첫 회에 망원동에서 이경규와 강호동은 문전박대를 당하고는 결국 편의점에서 쓸쓸한 저녁을 먹을 수밖에 없었다. 하지만 그렇게 1년이 지나고 이제 어느 낯선 동네 모르는 집의 문을 두드리고는 자신이 연예인임을 밝히는 것만으로 대부분의 사람들은 그것이 〈한끼줍쇼〉를 찍는 것임을 알아차린다. 곧 망할 것 같던 이 프로그램이 1년 만에 자리를 잡게 된 것은 그 안에 포착된 연예인과 일반인의 접점이 놀라운 훈훈함을 전해주었기 때문이다.

〈한끼줍쇼〉는 최근 몇 년간 도시의 새로운 풍경으로 자리한 각종 새로운 길들의 탄생과 무관하지 않다. 가로수길을 시작으로 경리단길, 망리단길, 연남동길 등 도시 곳곳에 생겨난 길들은 새로운 상권을 형

연예인과 일반인의 접점이 놀라운 훈훈함을 전해준 〈한끼줍쇼〉.

성하며 골목길에 대한 향수를 불러일으켰다. 물론 거기에는 외부의 자본으로 원주민이 밀려나는 '젠트리피케이션gentrification' 현상이 생겨났지만, 어쨌든 그 기반에 깔린 정서는 아날로그적인 옛 골목에 대한 그리움이다. 이 프로그램은 먼저 골목길을 걸으며 그 사람 냄새 나는 길이 주는 따뜻함을 이끌어내고는 바로 따뜻함의 주인공들을 찾아간다.

누군가의 집을 찾아가 한 끼 저녁을 먹는 단순한 콘셉트지만 〈한끼줍쇼〉는 매회 새로운 인물들과 가족들의 이야기를 담아냄으로써 다채로워질 수 있었다. 거기에서는 동시대를 살아가는 우리 이웃들이 풀어놓는 공감 가득한 이야기보따리들이 넘쳐난다. 연예인들끼리 게임하고 노는 프로그램이 '저들의 이야기'처럼 여겨진다면, 일반인의 이야기로 가득 채워지는 〈한끼줍쇼〉는 '우리의 이야기'로 다가온다.

우리에게 너무나 익숙한 것들의 새로움

/

일반인은 어딘지 심심하고 그렇다고 연예인도 아니라면 그 해답은 뭘까. 일반인이지만 '특별한 일반인'이 될 것이다. 그래서 연예인 가족이 등장했고, 외국인 출연이 하나의 트렌드가 되었다. 그중에서도 외국인 트렌드는 일반인 출연의 한 축으로 꾸준히 인기를 이어왔다. 과거 〈미녀들의 수다〉가 그 촉발점이었다면, JTBC 〈비정상회담〉은 좀 더 지적인 문화 상대주의를 프로그램 안으로 끌어들였고, 최근 MBC 에브리원의 〈어서와 한국은 처음이지?〉는 그 계보를 진화시켰다.

〈어서와 한국은 처음이지?〉는 그간 외국인과의 접점이 주로 국내 연예인들이 해외로 나가는 과정에서 발생했던 걸 뒤집어, 국내에 거주하는 외국인이 자신의 고향 친구들을 국내로 초대하는 역발상을 시도했다. 우리에게는 너무나 익숙해 아무것도 아닌 것들이 이들 외국인의 시선을 통하면 참신해진다는 것이 이 프로그램이 가진 가장 큰 매력이다. 화장실 비데에 깜짝 놀라고, 처음 먹는 소주 맛에 '원더풀'을 외치며, 경주의 한옥들과 남산에서 내려다본 야경에 흠뻑 빠지는 외국인들을 바라보는 것은 시청자에게도 즐거운 경험이 된다. 이들 '특별한 일반인들'은 그래서 방송이 나가고 나면 연예인처럼 인기를

방송가에서는 외국인 출연이 하나의 트렌드가 되고,
〈비정상회담〉은 지적인 문화 상대주의를 프로그램 안으로 끌어들였다.

얻기도 한다.

하지만 외국인들이 우리 문화에 깊은 공감과 찬사를 보내는 장면들에 대한 비판적 관점도 생겨났다. 그것이 외국인에 대해 남다른 인정 욕구를 가진 우리의 모습을 드러내는 일이라는 것이다. 나아가 국가주의적이고 민족주의적인 도취적 만족감이라고 볼 수 있는 '국뽕'을 의심하는 시선까지 등장했다. 그런데도 외국인이라는 타자의 시선을 통해 익숙했던 우리의 일상이 낯설게 다가오게 됐다는 사실은 부정하기 어렵다.

이처럼 넓은 의미에서 2017년에 다시금 새롭게 부상했던 외국인 예능 트렌드는 일반인 트렌드와 궤를 같이 한다고 해도 틀린 말은 아니다. 그들의 평범하지만 공감 가는 반응이 주는 묘미가 시청자에게 어떤 동질감 같은 걸 느끼게 해주었던 것이다.

일반인이 잠재적 연예인이 된 시대

/

연예인과 일반인이 공존하는 프로그램의 탄생은 여러모로 우리의 대중문화 트렌드가 연예인에서 일반인으로 넘어가는 과도기적인 상황임을 보여준다. 궁극적으로는 누구나 연예인이 될 수 있는 일반인 방송 시대가 도래할 것이나 그 전에 너무 확 바뀌기보다 정서적인 거부감을 줄여주는 역할을 하는 변형 프로그램들이라는 것이다.

실제로 이 일반인 방송 시대로 가는 과정에 많은 과도기적인 문제들이 발생했다. 대표적인 것은 이른바 '악마의 편집'으로 알려진, 방송이 일반인을 활용하는 방식이었다. 좀 더 자극적인 방송을 위해 교묘히 편집된 내용을 내보내기도 하고 그로 인해 해당 출연자가 엄청난 논란에 휘말리기도 했다.

이와는 정반대로 방송이 일반인을 통제하지 못하는 경우도 있다. 방송 제작자들이 제아무리 사전 검증을 한다고 해도 범법 행위를 한 일반인 출연자를 걸러내는 것은 현실적으로 쉽지 않다. 지나친 사전 검증은 사생활 침해의 문제를 만들기 때문이다. 최근에 그 실체가 드러나 대중을 경악하게 했던 이른바 '어금니 아빠'의 살인 및 아동학대 사건은 거슬러 올라가보면 방송이 그 실체를 파악하지 못해 희대의 범법자를 미담의 주인공으로 둔갑시킨 사례다. 일반인의 방송 출연은 완벽한 통제가 불가능하다는 점에서 이런 위험성을 갖고 있다.

일반인의 사생활 침해 역시 리얼리티 방송에서 제기되는 문제다. 〈화성인 X파일〉과 〈안녕하세요〉 같은 프로그램이 대표적이다. 〈안녕하세요〉는 이런 문제를 해결하기 위해 가족들을 출연시켜 그들 간의 소통을 내세우고 있지만, 그래도 가끔씩 너무 비상식적인 인물이 출연해 그 사생활을 적나라하게 내보냄으로써 비판을 받기도 했다. 연예인들이야 어느 선까지 사적인 걸 허용하는가에 대한 노하우가 있겠지만, 경험이 거의 없는 일반인들은 자신의 사생활이 장사되고 있다는 걸 나중에 확인할 수밖에 없다.

어쨌든 방송의 일상화와 일반인의 방송 출연, 그리고 그 과도기적인 형태로 나타나는 일반인과 연예인의 공존 프로그램은 바꿀 수 없는 흐름이다. 실제로 현재 전 세계의 방송 트렌드는 이미 리얼리티 쇼화가 되어가고 있고 주인공은 대부분 일반인이다. 하지만 그것이 방송의 어쩔 수 없는 미래라고 해도 그 과정에서 생겨나는 부작용은 우리가 넘어야 할 장벽이 아닐 수 없다. 필요하다면 법적 장치가 마련되어야 하고 일반인 출연자 역시 방송 출연 전에 꼼꼼하게 계약 조건을 살펴봐야 한다. 대중문화에 등장하는 주인공들은 이미 일반인과 연예인의 구분이 점점 모호해져가고 있다. 이제 모든 일반인이 잠재적 연예인이 된 시대다. 거기에 맞는 새로운 방송 환경은 점점 중요한 숙제로 다가오고 있다.

〈뉴스룸〉,
새로운 뉴스의 시대를 열다

다시 뉴스의 시대가 올 줄 그 누가 알았으랴. 지난해 박근혜·최순실 게이트가 터지기 전만 해도 지상파 뉴스에는 황혼이 드리워져 있었다. 인터넷과 모바일로 인해 미디어 환경이 완전히 달라졌고, 따라서 뉴스는 지상파에서 보도하기 한참 전에 이미 대중에게 전해졌다. 거의 실시간으로 쏟아지는 뉴스들이 인터넷과 모바일로 바로바로 들어오는 상황이다. 지상파 뉴스들은 속보성에서나 양에 있어서나 이 새로운 미디어들을 이겨낼 수가 없었다.

게다가 기자들이 현장을 뛰며 취재해 뉴스를 올리는 방식도 이 달라진 환경에서는 시대착오적인 일이 되어버렸다. 이미 스마트폰 하나로 현장 상황을 쉽게 찍어 심지어 간단한 편집까지 거쳐 인터넷에 올리는 일은 일도 아니게 되었다. 사실상 '진짜 기자'는 뚝딱 치기만 하면

세상의 뉴스를 모두 전하겠다는 욕망을 접고
중요한 뉴스들을 선별해 집중적으로 다루는 매거진 형태의 뉴스 보도 〈뉴스룸〉.

뉴스를 만들어내는 마치 도깨비방망이 같은 스마트폰을 들고 있는 일
반 대중이었다. 전국 곳곳에 산개해 있는 '잠재적 기자들'은 그래서 이
제 뉴스 팀의 기자들을 압도하게 되었다.

　뉴스는 달라져야 했다. 속보와 양적 경쟁이 아닌 다른 방식을 추구
하지 않으면 고사하기 일보 직전이었던 것이다. 그즈음 JTBC가 손석
희 앵커를 영입해 〈뉴스룸〉을 열었다. 〈뉴스룸〉은 과감한 변화를 시도
했다. 세상의 뉴스를 모두 전하겠다는 욕망을 접고 중요한 뉴스들을 선
별해 집중적으로 다루는 매거진 형태의 뉴스 보도를 선보이고자 했다.
이른바 '선택과 집중'을 하겠다는 것. 지상파 뉴스의 관점으로 보면 어

던지 무모해 보이는 시도였지만 이 방식은 곧 효과를 드러냈다. 세월호 참사가 벌어졌을 때 〈뉴스룸〉은 집중적인 보도로 관심을 불러일으켰고, 박근혜·최순실 게이트에서도 연일 단독보도를 쏟아내며 그 어떤 지상파 뉴스들이 할 수 없었던 심층 취재로 시청자의 시선을 잡아끌었다.

그렇게 다시금 '뉴스의 시대'가 열렸다. 황혼기에 접어들었다 여겨졌던 뉴스들은 이제 기다려서 찾아볼 정도로 대중의 관심 사항이 되었다. 물론 국정농단 사태가 불러온 효과가 크지만 동시에 뉴스의 변화가 먼저 이루어지지 않았다면 일어날 수 없었던 일이다.

공신력을 잃어버린 지상파 뉴스
/

2016년 10월 24일, 최순실의 태블릿 PC 파일들을 분석하며 박근혜 정부의 비선 실세에서 비롯된 국정농단 사태를 첫 보도했던 〈뉴스룸〉은 시청률 4퍼센트(닐슨코리아)를 넘겼다. 하지만 이것은 시작에 불과했다. 그다음 날인 25일에는 그 두 배인 8퍼센트를 기록했다. 이러한 흐름 속에서 〈뉴스룸〉은 종편 채널 사상 최초로 10퍼센트 시청률도 넘겨버렸다.

물론 이런 시청률 상승은 이 보도를 주도한 JTBC만의 과실이 아니었다. 종편 채널들은 저마다 관련 뉴스들을 쏟아내며 과실을 따갔다. MBN 〈뉴스와이드〉는 시청률 5퍼센트를 넘겼고, 채널A 〈뉴스특급〉은 3퍼센트, TV조선 〈뉴스쇼 판〉도 3퍼센트를 넘어섰다. JTBC를 제외하고 본래 종편 채널들은 예능이나 드라마 같은 프로그램보다 뉴스 비율이 높았던 점을 감안하면, 이번 사태에 이들 뉴스 프로그램들이 최고 시청률을 찍은 것은 당연하다.

지상파가 다양한 프로그램들을 내놓는 시간에도 이들 종편은 뉴스를 연일 방송했다. 심지어 '블랙홀'이라고 불릴 정도로 모든 이슈를 빨아들인 초유의 사태였다는 점에서 시청자의 시선은 뉴스 쪽에 머물 수밖에 없었다. 하지만 그 뉴스의 주도권이 지상파가 아닌 비지상파였다는 점은 새삼 주목할 필요가 있다. 지상파 뉴스들은 이 사태에도 불구하고 〈MBC 뉴스데스크〉나 〈SBS 8뉴스〉는 시청률이 각각 4퍼센트, 5퍼센트 수준에 머물렀다. 즉 똑같은 사안을 보도하는데도 지상파보다는 비지상파 뉴스에 시청자의 시선이 더 머물렀다는 것이다. 도대체 무엇이 이런 변화를 만들었을까.

지상파의 뉴스 프로그램들은 이 사태와 상관없이 그 힘이 현저히 약화되고 있었다. 그것은 앞에서 이야기한 대로 미디어 환경의 변화 때문이었다. 실제로 지상파 방송사들은 그래서 공영방송으로서 어쩔 수 없이 뉴스를 내보내야 하는 의무를 가진 KBS를 제외하고는 모두 보도와 교양 프로그램을 축소하려는 움직임이 있었다. 한때 가장 신뢰가 높았던 〈뉴스데스크〉는 보도의 편향성 때문에 갈수록 신뢰를 잃었고, MBC는 여기서 더 나아가 아예 교양 부문 팀을 없애버렸다. SBS도 한때는 심지어 '뉴스 외주 팀' 이야기가 거론될 정도로 분위기가 좋지 않았던 적이 있다. 시청률은 겨우 4~5퍼센트에 머물러 있는데 고정직 기자와 제작진이 많아서 손실이 너무 크다고 판단했기 때문이다(물론 최순실 사태 이후 SBS는 보도와 교양에 힘을 싣는 변화된 모습을 보여주었다).

하지만 방송사의 입장에서 상업성보다 더 중요한 가치는 '공신력' 이다. 최순실 게이트가 터지고 나서 지상파 3사가 모두 이러한 사안을 먼저 보도하지 못했던 상황은 시청자가 지상파에서 비지상파로 눈을 돌리게 된 가장 큰 이유가 되었다.

새로운 뉴스의 힘, 선택과 집중

/

종편 채널들은 그 모태가 주요 일간지라는 점에서 뉴스에 특화된 프로그램 편성을 해왔다. 그리고 이것은 실제로 종편 채널들의 중요한 경쟁력 중 하나였다. 2012년 18대 대선 같은 큰 이슈가 있을 때 종편 채널들은 연령대가 높은 보수층의 눈높이를 통해 시청률을 끌어 모으기도 했다. 뉴스 보도와 토크쇼를 접목한 대담 프로그램들을 거의 종일 편성하면서 다양한 형식의 뉴스들을 실험했다. 그중 힘을 발휘한 것은 지상파 뉴스와 비슷한 백화점 나열식 뉴스가 아니라 특정 사안을 집중 토론하는 형태의 유사 뉴스 프로그램이었다. 물론 거기에는 지나치게 가십성의 뉴스들이 자리하긴 했지만 어쨌든 선택과 집중은 분명 존재했다.

이러한 종편들의 흐름과는 달리 뉴스는 물론이고 예능과 드라마까지 편성해 방송하던 JTBC는 손석희를 보도 부문 사장으로 전격 기용하면서 새롭게 진용을 짰다. 그러면서 8시 본격 뉴스 시간에도 모든 것을 보도하기보다는 중요하다고 생각되는 것들을 선택해 집중하는 방식을 시도했다. 기자들이 직접 스튜디오에 나와 심층 보도를 하고 전문가 인터뷰는 물론이고 팩트를 체크하는 코너, 또 마치 신문의 주필들이 쓰는 칼럼 같은 '앵커브리핑'도 구성하면서 뉴스는 마치 하나의 매거진 형태로 변모했다.

이런 형식상의 변화는 '세월호 참사' 같은 대형 이슈에서 힘을 발휘했다. 손석희 앵커는 팽목항까지 직접 내려가 뉴스를 브리핑했고, 그러한 심층적인 접근은 시청자의 신뢰를 얻은 결정적인 요인이 되었다. 지난해 최순실 게이트 관련 보도가 특히 힘을 발휘한 것도 이러한 독특한 시스템 덕분이었다. 다른 어떤 뉴스들보다 중요할 수밖에 없는 최순실 게이트 관련 사안들을 '선택'해 〈뉴스룸〉은 연일 단독보도로 '집중'시켰다.

팩트를 넘어 뉴스에 주석을 달다

/

한때 뉴스는 객관적 팩트를 전달하는 것이 무엇보다 중요했다. 하지만 최근의 뉴스 경향은 팩트 전달만이 아니라 보다 적극적으로 그 뉴스에 대한 주석을 다는 것을 쉽게 볼 수 있다. 이러한 주관적 시각의 관여는 과거의 뉴스에서는 피해야 할 요소였다. 그런데 어째서 지금은 이런 주관적 시각을 담은 뉴스가 오히려 호평을 받을까.

바로 달라진 미디어 환경 때문이다. 인터넷과 모바일을 포함해 하루에도 어마어마한 양의 뉴스가 쏟아져나온다. 이제 정보가 없어서 모르던 시대가 아니라 정보가 너무 많아서 어떤 게 진짜인가를 알 수 없는 시대에 들어서게 된 것이다. 그러니 뉴스의 단순 팩트 보도는 자칫 잘못하면 진실을 은폐하는 기능으로 전락할 위험성이 있다. 즉 중대한 사안이 있는데, 그 뉴스가 아닌 다른 뉴스를 그 자리에 배치하면 어떻게 될까. 팩트 전달이라는 데는 아무런 문제가 없지만, 중요한 팩트가 그것으로 가려진다는 점에서는 일종의 거짓의 기능을 한다고도 말할 수 있을 것이다.

새로운 뉴스의 시대가 열렸다는 것은 그래서 단순히 과거의 뉴스가 제자리로 돌아왔다는 것을 의미하지 않는다. 지금 시대가 요구하는 팩트 그 이상의 맥락을 담은 뉴스들이 저마다의 방송사가 가진 시각으로 보도되고, 그 뉴스들에 대한 판단은 시청자가 하는 시대가 열렸다는 것을 의미한다. 맥락은 일종의 스토리텔링이라는 점에서 영화보다 더 재미있는 뉴스가 가능해진 가장 큰 이유다.

〈뉴스룸〉은 뉴스를 보여주는 방식에서도 독특한 관점을 제공한다. 보통은 앵커가 카메라를 똑바로 바라본 채 뉴스를 전한다. 즉 기자들이 가져온 뉴스를 직접 시청자에게 전달하는 방식이다. 하지만 〈뉴스룸〉은 그렇게 시청자를 향해 이야기를 던지던 앵커가 그 뉴스를 취재한 기자를 스튜디오에 출연시켜 "한 걸음 더 들어가보겠습니다"라고 말하며 인터뷰하는 형식을 보여준다. 물론 이 관점은 심층 취재라는 〈뉴스룸〉의 특징을 위해 설정된 것이지만, 시청자에게는 마치 뉴스의 취재 과정을 앵커가 체크하고 사실을 확인하는 과정을 그대로 보여주는 리얼리티 쇼 같은 관점을 제공한다. 실제로 조금 부족하다 싶은 뉴스에 대해서는 손석희 앵커가 "좀 더 취재가 필요한 것 같군요" 같은 멘트를 던지는데 그것은 마치 이 보도국에서 앵커가 기자에게 내리는 취재 명령처럼 보이기도 한다.

별것 아닌 것처럼 여겨지지만 정면을 보고 시청자를 향해 뉴스를 던지는 형식의 뉴스가 어딘지 일방적인 느낌을 준다면, 〈뉴스룸〉이 보여주는 '옆모습'은 저들이 나누는 이야기를 시청자가 알아서 판단하라는 뉘앙스처럼 읽힌다. 그만큼 한 걸음 물러나 객관화된 시각을 제공하는 듯한 느낌을 준다.

물론 〈뉴스룸〉이 객관적 시각만을 강조하는 뉴스 프로그램은 아니다. 오히려 주관적 시각을 제공함으로써 확고한 〈뉴스룸〉만의 색깔을 갖는 것이 특징이라고 할 수 있다. 이를테면 '앵커브리핑' 같은 코너는 아예 신문의 사설 같은 기능을 갖고 있다. 손석희 앵커가 가진 생각과 나아가 〈뉴스룸〉이 생각하는 현 사안들에 대한 가치가 그 '앵커브리핑'을 통해 전해진다. 하지만 그래서일까. 그걸 전달하는 방식으로 〈뉴스룸〉을 관찰하게 만드는 시각을 가능하게 만든 '옆자리 토크'는 이러한 강한 주관을 어느 정도는 상쇄해주는 힘을 발휘한다.

이 시대의 뉴스는 '관점'이다
/

쏟아지는 팩트들은 오히려 진실을 가린다. 그러니 이제 팩트 자체를 전하는 것은 진실을 호도할 수 있는 위험성까지 내포하게 된다. 심층 취재, 취재원과 함께 스튜디오에서 갖는 인터뷰는 그래서 팩트에 대한 여러 가지 주석을 달아준다. 그 팩트가 이렇게도 읽힐 수 있고 저렇게도 읽힐 수 있다는 것을 알려주는 것이다. 그것은 객관적 위치를 유지한다는 명목하에 팩트만 전달하던 과거의 뉴스가 어째서 그 방송사의 주관적 입장을 담아낸 뉴스로 바뀌어야 하는가에 대한 이유를 드러낸다.

결국 이 시대의 뉴스는 '관점'이 될 수밖에 없다. 팩트들을 저마다 연결해 어떤 하나의 일관된 관점을 보여주는 일인 것이다. 그래서 이제 시청자가 뉴스를 보는 것은 그 팩트를 얻기 위함이 아니라 선택한 뉴스가 보여주는 관점을 공유하고 공감하는 일이 되었다. 이런 변화는 현재 지상파 뉴스들에서도 조금씩 일어나고 있다.

알랭 드 보통은 저서 《뉴스의 시대》에서 독재자는 더 이상 뉴스를 통제할 필요가 없으며 대신 "언론으로 하여금 닥치는 대로 단신을 흘려보내게만 하면 된다"라고 말한다. 이 말은 새로운 시대의 진정한 뉴스가 무엇인가를 말해준다. 팩트 자체가 아니라 그것들이 만들어내는 맥락을 밝히는 것. 그것이 이 시대의 진정한 뉴스다.

적폐 청산,
본격 장르 드라마 전성시대를 열다

그동안 우리에게 장르 드라마는 멜로나 가족 코드와 결합한 이른 바 복합 장르 드라마로 수용된 면이 있다. 그것은 우리의 드라마들이 가진 멜로나 가족 코드 같은 전통적인 문법들을 더해 장르 드라마의 생경함을 극복하기 위한 방편이었다. 물론 그렇다고 그 시기에도 본격 장르 드라마들이 없었던 것은 아니지만, 대중적으로 성공한 드라마를 찾기는 어려웠다. 이러한 그동안의 사정을 염두에 두고 들여다보면 2016년 말부터 현재까지 이어지는 본격 장르 드라마에 대한 비상한 관심은 그것이 단지 우연으로만 보이지 않는다. 2016년 말 JTBC 보도로 촉발된 이른바 '최순실 게이트'는 이 모든 변화의 뇌관이었다. 그로 인해 일어난 촛불 민심은 결국 박근혜 전 대통령의 탄핵으로 이어졌고, 조기 대선으로 문재인 정부가 들어서게 했다.

이 일련의 과정이 문재인 정부에 요구한 것은 다름 아닌 '적폐 청산'에 대한 강력한 의지였다. 이런 대중의 정서를 전제하고 보면 본격 장르드라마들이 검찰 내부의 비리를 파헤치고(비밀의 숲), 피해자가 가해자가 되어버린 법 정의의 문제를 제기하고(피고인), 권력을 견제하기는커녕 그 체제를 공고히 해온 언론 적폐를 끄집어내어(조작, 아르곤) 시청자들의 큰 반응을 얻어낸 것은 이러한 시대의 흐름과 무관하지 않다.

적폐 청산의 문제를 직접적으로 드러낸 것은 아니지만 사회 정의의 문제를 건드린 드라마들 역시 적지 않았다. 〈군주-가면의 주인〉은 가면 쓴 왕 뒤에 존재하는 비선 실세와의 대결을 그렸고, 〈역적〉은 역사속 실존 인물인 홍길동 이야기를 가져와 권력자의 폭력 앞에 과연 누가 진짜 역적인가를 되물었다. 또한 '여혐' 문제가 불거지면서 길거리다니기조차 불안한 여성들의 현실을 여성 슈퍼 히어로라는 캐릭터를 내세워 B급 코미디로 풀어낸 〈힘쎈여자 도봉순〉, 갑질하는 자본 앞에 코믹한 방식으로 대항하는 서민 영웅을 그려낸 〈김과장〉, 컨트롤 타워부재의 시대에 진정한 리더십을 물은 〈낭만닥터 김사부〉 등도 눈에 띄었다.

눈감아주고 침묵하니까 부정을 저지르는 거다

/

"어떤 경찰분께서 저에게 이런 말을 했습니다. 되니까 하는거라고. 눈감아주고 침묵하니까 부정을 저지른 거라고. 누구 하나만 제대로 부릅뜨고 짖어대면 바꿀 수 있다고요."

〈비밀의 숲〉에서 황시목(조승우) 검사가 건넨 한마디에는 이 드라마가 하고 싶은 시대의 목소리가 담겨 있다. 결국 거대한 비리는 한 사람 한 사람이 그저 지나치고 침묵했던 것에서 생겨난 비극이었다. '밥 한 끼 하자'고 우리가 흔히 말하는 인사가 작은 빌미가 되어 차츰 부적절한 관계가 되어가고 그것이 사법 정의를 구현해야 하는 이들의 비리와 부정으로 이어질 수 있다는 것이다.

하지만 〈비밀의 숲〉은 한두 명의 비리 척결로 검찰의 투명성이 제고될 수 없다는 것을 제목에 드러내고 있다. 즉 검찰은 한두 명의 비밀이 존재하는 곳이 아니라 저마다의 욕망이 꿈틀대고 그래서 산적해 있는 비밀들이 마치 숲이 되어버린 곳이다. 그래서 그곳에서 투명한 사법 정의를 세우는 일은 사실상 불가능해 보이기까지 한다. 누구 한 사람의 욕망이 꺾인다고 해도 또 다른 사람의 욕망이 더해져 드러난 비밀이 또다시 덮여버리기 때문이다. 이 드라마가 그래서 황시목이라는 어린 시절 뇌수술로 인해 감정을 잘 느끼지 못하게 된 캐릭터를 주인공으로 세운 것이다. 바로 이렇게 복잡한 욕망의 거미줄로 연결되어 있는 '비밀의 숲'에서 흔들리지 않고 진실을 향해 나아갈 수 있기 위해서는 이 정도의 캐릭터가 필요했기 때문이다.

'시작이 되는 나무'라는 의미의 이름을 가진 황시목은 이 '비밀로 가득한 숲'이 투명해지게 만드는 '희망'을 상징한다. 결국 적폐라는 것이 아무것도 아닌 듯한 '밥 한 끼'로 시작될 수 있듯이, 그 청산 역시 누군가 투명함을 위해 한 걸음 나아가는 것으로 시작될 수 있다는 것이다. 〈비밀의 숲〉은 우리 시대에 산적한 적폐 청산에 대한 희구를 검찰 조직에서 벌어진 사건을 통해 그려냈다. 마치 국정농단 사태 속에서 절망하던 대중이 그 적폐를 깨칠 수 있다는 어떤 희망을 갖게 만든 것이 누군가 한 사람이 시작해 들게 된 촛불 덕분이었던 것처럼 말이다.

투명성이 사라져버린 사법기관은 피해자를 가해자로 둔갑시키기도 한다. 그리고 거기에 언론이 가담해 거대한 비리를 덮기 위한 희생양을 만들어낸다. 드라마 〈피고인〉이 전자를 그렸다면, 〈조작〉은 후자를 다뤘다.

〈피고인〉은 자신의 가족을 무참하게 살해했다는 누명을 썼지만 너무나 큰 충격에 당시의 기억까지 잃어버린 박정우(지성)가 기억을 되찾고 진실을 밝혀내는 이야기를 다뤘다. 특이한 것은 비리로 얼룩진 사법 정의로 희생되는 무고한 주인공의 이야기에 '기억의 문제'가 덧붙여져 있다는 점이다. 이런 설정은 세월호 참사 이후 피해자 의식을 넘어서 '피고인 정서'를 갖게 된 대중의 감정과 무관하지 않다. 진상 규명을 요구하는 피해자 가족들을 심지어 국가 경제의 발목을 잡는 가해자라고 매도하는 일부 몰지각한 목소리가 존재하는 현실이다. 〈피고인〉에 시청자는 정서적으로 공감할 수밖에 없었다.

〈피고인〉이 피해자를 가해자로 만드는 사법 적폐의 문제를 다뤘다면, 〈조작〉과 〈아르곤〉은 사법기관과 공조하는 언론 적폐의 문제를 담았다. 겉으로는 언론의 탈을 쓰고 있지만 사실은 여론을 조작해 권력에 일조해온 언론 적폐들. 〈조작〉은 거대 언론 적폐와 싸우는 이른바 찌라시 언론의 '돈키호테식' 대결을 다뤘고, 〈아르곤〉은 진실 보도를 위해 언론사의 경영자들과도 싸우는 과정을 그렸다.

〈조작〉과 〈아르곤〉이 남다른 의미를 가질 수 있었던 것은 문재인 정부가 들어서고 언론 적폐 청산에 대한 대중적 관심이 높아지면서 KBS와 MBC 노조가 총파업에 돌입했기 때문이다. 시청자들은 따라서 현실에서도 벌어지고 있는 언론의 문제들에 관심을 갖게 되었고 그것은 고스란히 이를 소재로 다루는 드라마에 대한 관심으로도 이어졌다.

우리 삶에서 이미 일어나고 있는 일들

/

흥미로운 것은 우리 드라마에서 본격 장르물의 등장이 미국 드라마나 일본 드라마와는 달리 사회 현실과 맞물려 독특한 진화 과정을 보였다는 점이다. 의사나 검사, 경찰 등이 등장하는 장르물이 이런 사회극적인 특징을 갖게 된 것은 그 직업이 우리나라에서 갖는 독특한 성격들이 투영된 결과라는 것이다. 한류를 처음으로 촉발시킨 〈겨울연가〉가 방영됐던 2002년만 해도 우리에게 장르물은 생소했다. 대부분의 드라마가 가족 드라마, 멜로드라마, 사극 정도에 집중되어 있었기 때문이다.

하지만 이렇게 멜로와 가족 이야기에 집착하던 우리 드라마가 그 사적인 이야기에 염증을 느끼기 시작한 것은 얼마 지나지 않아서였다. 2005년부터 국내에 미드 열풍을 일으킨 〈프리즌 브레이크〉가 이미 인터넷을 통해 외국 장르물에 대한 갈증을 키웠다. 그것은 멜로에만 집착하는 우리 드라마에 대한 비판 의식으로 이어졌다. 그 비판 의식이란 지나치게 사적인 멜로에 머물러 있는 우리 드라마가 좀 더 공적인 의미를 담아내기 위해서는 장르물에 대한 시도가 필요하다는 것이었다. 2007년 방영된 일본 원작의 〈하얀 거탑〉이 그리 높지 않은 시청률에도 불구하고 찬사가 쏟아진 것은 이런 장르물에 대한 시청자의 관심을 반영한 것이었다. 인터넷을 통해 미국에서 방영되는 드라마를 거의 실시간으로 보게 되면서 우리는 조금씩 장르물에 대한 관심을 키웠던 것이다.

하지만 지상파 드라마들은 그 플랫폼의 여건상 본격 장르물을 계속 시도할 수가 없었다. 〈하얀 거탑〉은 호평을 받았지만, 당시로서는 높은 시청률이라고 보기 어려운 20퍼센트 이하의 시청률에 머물렀다. 본격 장르물로 시도한 〈히트〉도 10퍼센트 시청률에 머물면서 결국은 멜로를 추가하는 식으로 가까스로 시청률 반등을 만들기도 했다. 즉 본격 장르물은 지상파라는 플랫폼에는 아직까지 낯설게 다가왔다.

이런 문제들을 보완하기 위해 지상파 드라마들은 일종의 변종이라고 할 수 있는 복합 장르물을 선보였다. 〈너의 목소리가 들려〉〈별에서 온 그대〉〈냄새를 보는 소녀〉〈킬미 힐미〉〈피노키오〉처럼 스릴러와 추리물, 범죄물에 가족 드라마적 성격과 멜로까지를 결합한 복합 장르물을 탄생시켰던 것이다. 이들 작품은 장르물의 묘미를 조금씩 대중에게 익숙하게 만들었다. 그러면서도 동시에 지금까지의 드라마들이 보여주던 가족 드라마와 멜로적 특성을 편안하게 즐길 수 있게 해주었다.

복합 장르물들의 혼합은 이미 미국 드라마와 일본 드라마에 익숙

외국 장르물에 대한 갈증을 키운 〈프리즌 브레이크〉.

해진 젊은 시청층을 끌어들이는 동시에 보수적인 시청층까지를 아우르려는 노력에서 비롯된 것이었다. 그리고 이것은 또한 사적 영역과 공적 영역이 혼재하는 우리의 삶과도 관련이 있었다. 인터넷이라는 공간에서는 이미 누군가의 사적인 사안들이 공적인 의제가 되는 일들이 생겨나고 있었다. 서로 다른 복합 장르물의 결합이 그럴싸하게 받아들여지는 것은 우리 삶에서 그런 결합들이 이미 일어나고 있었기 때문이다.

물론 복합 장르물은 지금도 계속 만들어지고 있지만, 최근 들어 조금 다른 흐름을 보인다. 장르물에 반드시 들어가야 할 것처럼 여겨지던 멜로나 가족 드라마적 성격을 더 이상 필수로 생각하지 않는다는 점이다. 이런 흐름을 주도한 것은 지상파가 아니라 케이블이었다. tvN이 시도했던 〈미생〉이나 〈시그널〉 같은 드라마는 굳이 멜로 코드를 내세우지 않고도 시청률과 화제성 모두에서 성공을 거뒀다. 훨씬 이전부터 무비 드라마라는 기치를 내걸고 본격 장르물을 시도해왔던 OCN이 최근 들어 비로소 〈보이스〉〈터널〉 등을 통해 그 가치를 인정받게 된 것은 이러한 시청자의 변화와 무관하지 않다.

케이블이 바뀌면서 지상파도 변화했다. 물론 SBS는 복합 장르물을 주도해왔지만 〈피고인〉이나 〈귓속말〉 같은 본격 장르물 또한 성공적일 수 있다는 것을 보여줬다. MBC 역시 〈역적〉 같은 사극이지만 장르물에 가까운 작품을 성공적으로 내놓았다. KBS는 〈김과장〉이나 〈추리의 여왕〉처럼 공영방송이 가진 특성 때문에 장르물을 시도하면서도 누구나 볼 수 있을 만큼 보편적인 방식으로 풀어내는 운용의 묘를 선보였다.

흥미로운 것은 이들 본격 장르물이 등장하면서 드라마들이 현실에 대한 훨씬 더 첨예한 문제의식을 드러내기 시작했다는 점이다. 〈미생〉이 직장인들의 적나라한 현실을 보여줬다면, 〈시그널〉은 미제 사건들을 끄집어내 판타지를 통해서라도 그 피해자들을 위로하려는 시도를 했다. 〈보이스〉가 골든타임을 강조하고, 〈터널〉이 아직까지 돌아오지 못한 피해자에 대한 간절한 그리움을 깔아넣은 것은 세월호 참사와 무관할 수 없다. 〈피고인〉이나 〈귓속말〉이 법정 문제를 정면에서 건드린 것은 '박근혜·최순실 게이트'로 불거진 국정농단 사태와 그로 인해 엉뚱하게도 서민들이 피해를 보는 그 현실이었다.

사적 갈등에서 사회적 문제의식으로

/

　　지금 멜로는 사적인 차원에서 다뤄지는 것으로는 더 이상 대중에게 감흥을 주지 못하는 장르가 되어버렸다. 물론 많은 드라마에서 멜로는 빠질 수 없는 양념으로 등장하지만 그것이 중심으로 서기 위해서는 사적인 차원을 넘어서야 하는 것이다. 〈도깨비〉 같은 판타지 멜로 장르조차 세월호 참사 이후 우리의 정서 밑바탕에 깔린 '기억의 문제'를 담았다. 기억해야 할 것과 망각해야 할 것에 대해 이 드라마가 건네는 이야기는 사적인 차원의 멜로 이상의 사회적 의미를 갖기에 충분했다.

　　장르물의 특성상 사회적 문제의식은 피해자 혹은 핍박받는 주인공에 자연스럽게 담기기 마련이다. 스릴러 장르를 예로 들면 가해자와 피해자로 분명하게 나뉠 수밖에 없고 그 가해자를 잡으려는 전문 직종이 등장하게 된다. 그들이 어떤 피해자인가는 그 장르가 내세우는 사회적 정의의 문제가 우리 사회 현실의 어떤 문제를 들추고 있는가를 고스란히 드러낸다.

　　당연한 이야기지만 장르물 전성시대가 말해주는 사적 갈등에서 사회적 문제의식으로 넘어가는 이 변화는 우리가 드라마를 현재 어떻게 바라보고 있는가 하는 태도를 말해주기도 한다. 즉 과거의 드라마라고 하면 저녁을 차리면서 슬쩍슬쩍 쳐다봐도 되는 일상적인 것이었다. 반면 지금의 드라마는 훨씬 더 집중해서 그 안에 어떤 일들이 벌어지고 있고, 그것이 우리에게 어떤 문제의식을 드러내고 있는가를 봐야 하는 작품으로 받아들여지고 있다.

　이것은 분명 현재 드라마든 영화든 똑같이 하나의 콘텐츠로 구분되며 원하는 시간에 원하는 장소에서 원하는 미디어로 볼 수 있는 시대가 만들어낸 변화다. 드라마의 완성도는 그래서 점점 영화 같은 수준을 요구하는 단계로 접어들었다. 장르물 전성시대에 영화와 드라마 사이의 경계는 그 길이의 차이가 있을 뿐 점점 흐릿해져가고 있다. 이미 미국 드라마나 일본 드라마가 그러하듯이.

지식의 스낵 컬처, 깊이인가? 넓이인가?

　인문학은 어렵다? 나영석 사단이 만든 〈알쓸신잡〉은 이런 선입견을 단박에 지워버렸다. 최근 화제의 중심에 섰던 유시민 작가를 비롯하여 황교익 맛 칼럼니스트, 김영하 소설가, 그리고 정재승 과학박사가 출연하는 이 프로그램은 특정 지역을 여행하며 그 지역에서 환기되는 다양한 인문학적 이야기들을 수다로 풀어내는 방식을 취하고 있다.

　인문학 하면 어딘가 무겁고 어려울 것이라 여기던 이들조차 프로그램을 보다보면 그 '신비한' 지식 수다의 향연에 빠지게 된다. 예를 들어 통영에서는 맛 칼럼니스트의 이야기를 들으며 싱싱한 해산물을 먹고, 이순신 장군의 《난중일기》에 담긴 이야기를 소설가가 소개한다. 심지어 이순신 장군의 '숨결'을 지금 현재를 살아가는 우리가 실제로 호흡할 수 있는가를 과학박사가 분석한다. 지식은 꼬리에 꼬리를 물고 이

인문학이 이제는 대중의 관심을 끄는 소재가 되었다. 인문학 방송 프로그램 중 하나인
〈차이나는 클라스〉.

어지고 그 잡학에 가까운 수다를 가만히 듣다보면 인문학적 담론에 빠
져 있는 자신을 발견하게 된다.

예능 프로그램의 최전방에 서 있다고 여겨지는 나영석 사단이 〈알
쓸신잡〉 같은 인문학 소재의 예능을 시도하는 것에서 지금의 문화적
분위기를 쉽게 읽어낼 수 있다. 인문학이 이제는 대중의 관심을 끄는
소재가 된 것이다. 실제로 〈알쓸신잡〉 이외에도 〈차이나는 클라스〉 〈수
업을 바꿔라〉 〈어쩌다 어른〉 〈우리들의 인생학교〉 등 방송가에서는 인
문학 소재가 하나의 트렌드로 자리했다.

방송 프로그램이라고 하면 그저 웃고 떠들고 게임하는 정도로 생각
했던 대중은 어느새 지적인 갈증을 느끼기 시작했고, 방송을 보는 시
간이 그저 오락으로 휘발되는 시간이 아니라 무언가 정보나 생각할 거
리가 되는 시간이 되길 원했다. 그러다 인문학의 맨얼굴이라는 것은

우리가 막연히 생각하던 그 두꺼운 책만이 아니라는 걸 알게 됐다. 우리네 일상에 닿아 있는 모든 것이 인문학임을 깨닫게 된 것이다.

우리의 세계를 확장해주는 '쓸데없음'의 세계

/

그런데 왜 제작진은 이 프로그램의 제목으로 마치 변명하듯 '알아두면 쓸데없는'이라는 수식어를 붙였을까. 그것이 인문학의 실체이고, 또 대중도 그렇게 느끼기 때문이다. 인문학은 당장 안다고 해서 밥이 나오거나 돈이 되지 않는다는 점에서 '알아두면 쓸데없는' 학문처럼 여겨져왔다.

그렇다면 거꾸로 '알아두면 쓸데 있는' 학문은 뭘까. 아마도 경제학, 경영학, 과학, 공학, 의학, 법학 같은 것들이 아닐까. 우리에게 이런 학문은 배우면 돈을 벌게 해줄 일종의 '라이선스'처럼 다가오는 면이 있다. '법학을 전공했다'는 말이 주는 뉘앙스와 '국문학을 전공했다'는 말이 주는 뉘앙스 사이에 느껴지는 격차는 그렇게 크다.

하지만 과연 이 '쓸데없음'은 진정으로 아무런 쓸모가 없다는 뜻일까. 그렇지 않다. 정반대로 인문학은 이 '쓸데없음'의 세계로 인해 우리의 세계를 확장한다. 만약 쓸데 있는 것만을 인간이 추구해왔다고 생각해보라. 그저 먹고 자고 싸고 번식하며 살아가는 본능적인 차원을 벗어나지 못했을 것이다. 오히려 이런 생존 차원의 쓸데 이외의 세계를 추구함으로써 우리는 진정한 인간으로서의 세계로 나아갈 수 있었다. 그것은 바로 상상력이 만들어낸 확장된 세계다. 그래서 이 쓸데없음이 굉장히 쓸모 있어지는 '신비한' 일이 벌어진다.

최근 들어 왜 인문학이 하나의 트렌드로 자리 잡기 시작했을까? 어쩌면 당장의 쓸모 있는 것들에만 집중하던 우리의 삶이 이제는 그 바깥으로 나가지 않으면 더 이상 생존하기 어려워졌다는 걸 말해주는 것일지도 모른다. 당장의 성장과 축적만이 아니라 환경과 비움을 생각해야 하는 시대, 우리에게는 지금껏 쓸데없는 것들로 치부되었던 것들을 통해 오히려 대안을 찾아야 살 수 있게 되었다. 〈알쓸신잡〉은 현실적으로 도움을 주는 이야기들은 아니지만 세상을 바라보는 또 다른 관점을 제시한다는 점에서 그 '쓸모'가 드러난다. 그리고 이것은 아마도 인문학이 왜 쓸데없어 보이지만 우리에게 더더욱 필요한가에 대한 제작진의 답변일 것이다.

〈알쓸신잡〉 같은 프로그램이 말해주듯 지금 인문학은 다시 세간의 관심을 한 몸에 받고 있다. 물론 여기에는 전제조건이 있다. 결코 우리가 과거 인문학 하면 떠올리던 두껍고 무거운 느낌을 털어냈다는 전제다. 〈알쓸신잡〉은 그래서 종종 무게감 있는 서적이 인용되기도 하지만, 그 안으로 깊게 파고 들어가지는 않는다. 오히려 그 서적이 지적하는 어떤 관점을 여행에서 발견하는 어떤 사안들을 통해 설명하는 편이다. 인문학이 이렇게 재미있었던가 하는 생각이 들 정도로 그 내용들은 진지하지만 가볍고 아주 깊지는 않지만 폭넓다.

인문학, 깊이일까? 넓이일까?

/

　　방송가에 불고 있는 이러한 인문학 트렌드는 이미 서점가에서 예견되었다. 출판계에서 점점 책을 읽는 독자들이 사라져가고 있다는 한탄 섞인 목소리가 나오는 와중에도 인문학 서적은 스테디셀러에 가까웠고, 채사장이 쓴《지적 대화를 위한 넓고 얕은 지식》(이하〈지대넓얕〉) 같은 책은 베스트셀러로 인문학 열풍의 선두주자가 되었다. 하상욱 시인의《서울 시》는 역시 가볍지만 재기발랄한 스타일의 감성 시로 베스트셀러가 되었다. 이들 베스트셀러가 된 인문학 서적들의 특징은 가볍다는 것이다. 그래서 항간에는 인문학의 '스낵 컬처snack culture'화라고 지칭하기도 했다. 사실상〈알쓸신잡〉은 방송판《지대넓얕》이라고도 불린다. 즉 인문학 트렌드가 결국은 대중을 겨냥하고 있고, 그렇기 때문에 기존의 무거움을 덜어내는 것을 특징으로 하고 있다는 것이다.

　　이를 두고 인문학 트렌드에 대한 찬반양론이 갈린다. 찬성하는 쪽은 그나마 책을 잘 읽지 않는 요즘 세태에 이렇게 쉽게 접근해 누구나 인문학에 관심을 갖게 만드는 책의 등장은 그 자체로 의미가 있다고 말한다. 한때는 전문가들의 전유물로 여겨지던 인문학을 누구나 즐길 수 있는 '인문학의 대중화'로 이끄는 건 긍정적인 일이라는 것이다. 반대하는 쪽은 이렇게 대중화의 가면을 쓰고 등장한 인문학이 그저 '싸구려 인문학'일 뿐이라며 이는 인문학의 본질을 해치는 일이라고 말한다. 시대가 달라졌으니 인문학도 대중을 염두에 두고 가벼워질 필요가 있다고 하는 반면, 그런 가벼움이 인문학의 본질일 수 있는 깊이를 지워 버린다고 비판하는 반론이 제기되는 것이다.

깊이일까 아니면 넓이일까. 《지대넓얕》이 제목에 담고 있는 것처럼 최근 베스트셀러가 된 인문학은 깊이가 아닌 넓이에 더 천착한다. 어느 한 분야를 깊게 파는 것이 아니라 철학이면 철학, 경제면 경제 그 전체의 학문적 흐름을 폭넓게 제시해 전체를 관망할 수 있게 해준다. 깊이가 전문성을 의미한다면 《지대넓얕》에서 그것을 기대하기는 어렵다. 다만 이 책은 넓은 지식을 추구함으로써 다양성을 담보하려 노력한다.

방송이 다루는 인문학은 대부분 '넓이'에 초점이 맞춰져 있다. 그것은 방송이라는 매체가 가진 대중성이라는 특징 때문이다. 그래서 이들의 인문학은 스스로 '알아두면 쓸데없는' 혹은 '잡학' 같은 수식어를 달아놓는다. 방송은 인문학이 우리가 사는 데 전혀 현실적인 도움이 되지 않는 이야기들이라는 걸 인정한다. 하지만 그런데도 그것이 '신비하게' 빠져드는 면이 있다고 말한다. 즉 현실적으로는 쓸데없어 보이지만 알아두면 '신비하게도' 그 무한한 지식의 바다에 빠져들게 된다는 것이다. 여기서 강조되는 것도 결국은 넓이다.

이처럼 인문학이 깊이에서 넓이로 그 방향성이 바뀌게 된 것은 지금의 지식이나 정보라는 것이 너무나 양적으로 비대해졌기 때문이다. 너무 많이 쏟아져나와 뭐가 뭔지 종잡을 수 없는 지식과 정보의 홍수 속에서 대중은 어떤 방향성이나 큐레이션에 대한 강력한 욕망을 느낄 수밖에 없다. 인문학이 담는 넓이는 그래서 무한대로 아무것이나 담아내는 것이 아니라 어떤 나름의 체계를 제시하는 일이다.

지금 현재를 바라보는 데 어떤 도움을 주나

/

     이렇게 깊이보다는 넓이의 다양성을 추구하는 인문학을 대중화 혹은 상업화로 바라보는 시각이 분명 존재한다. 그렇다고 해도 그것이 결국은 인문학에 대한 관심을 촉발시킨다는 점에서는 긍정적인 면이 있다고 여겨진다. 인문학이 중요한 것은 고전이 갖는 무게감 때문이 아니다. 그보다는 인문학이 제공하는 생각의 단편들이 지금 현재를 바라보는 데 어떤 도움을 줄 수 있는가다. 따라서 인문학은 박제된 과거의 지식으로서 숭배의 대상이기보다는 지금 현재에 따라 달리 읽히고 그럼으로써 끊임없이 계속 살아나는 지극히 현실적인 대상이 아닐 수 없다.

    〈알쓸신잡〉에서 오죽헌을 방문한 유시민과 황교익이 안내판에 신사임당의 이야기는 없고 율곡의 이야기만 가득한 걸 보며 여전한 우리 사회의 남성 중심적 사고관을 개탄했다. 또한 낙화암을 방문한 유시민이 1500년간이나 날조된 의자왕의 '삼천궁녀' 이야기를 비판하며 그녀들의 '낙화'를 '정절'의 표상처럼 안내하는 현재의 문제를 상기시켰다. 이는 인문학의 '쓸모'를 제대로 알려준 사례가 아닐 수 없다.

    어찌 보면 우리가 '인문학의 위기'를 말했던 것은 과거의 지식에 지나치게 권위를 부여한 나머지 그 현재적 쓸모를 찾지 못한 데서 비롯된 것일 수 있다. 수천 년을 이어온 다양한 생각들이 현재를 바라보는 쓸모를 찾아내는 지점, 그것이 인문학에 진정으로 필요했던 것이 아닐지. 바로 이 지점에서 현재 인문학이 맞은 전성시대의 단초를 찾아낼 수 있으니.

〈알쓸신잡〉은 강릉으로 가는 버스 안에서 시작된 수다에서 '올바른 독서법'을 화제에 올렸다. 우리의 독서는 마치 고전과 인문학을 읽어야만 하는 교과서처럼 대한다는 것에 대한 비판이 그 이야기 속에 담겼다. 김영하 작가는 프랑스의 독서법을 소개하면서 그들은 우리와 달리 "책은 정보, 가르침을 주는 게 아니라 이야기할 거리를 주는 것"이라고 말했다. 그래서 저녁 식사 자리에서 이야기에 소외되지 않기 위해 프랑스 사람들은 책을 산다는 것이다. 정재승 박사는 독서라는 것도 일종의 시행착오를 통해 자신의 방식을 찾아가는 과정이라고 했다. 여러 번의 실패를 통해 "내가 좋아하는 분야, 작가를 스스로 결정하는 과정이 독서"라는 것. 유시민 작가는 "시민들이 고전 앞에 주눅 드는 모습이 보기 싫다"라며 인문학에 부여하는 과한 무게감을 떨쳐내야 한다는 점을 강조했다.

최근 인문학을 다루는 예능 프로그램들이 부지불식간에 강조하는 것은 인문학의 무게에 짓눌릴 필요는 없다는 점이다. 그래서 방송을 통해서라도 폭넓게 다양한 인문학의 세계로 들어가보는 것은 흥미로운 일이라는 것이다. 하지만 그 '넓이'가 주는 재미만큼 인문학의 또 다른 재미라고 할 수 있는 '깊이'를 놓치지 않는 것도 필요하다. 넓이에서 관심 분야를 찾고 그래서 깊이를 찾아가는 길. 그 한 축을 대중문화 속으로 들어온 인문학 트렌드가 채워줬다면 이제 나머지 깊이를 찾는 또 다른 한 축이 우리에게 남겨진 과제다.

사드,
한류 드라마에 한류는 없다

드라마는 사실 리스크가 큰 산업 중 하나다. 생각보다 투자 규모가 적지 않고 그렇게 꽤 큰 비용을 들여 만들어지는 드라마가 성공한다는 보장도 높지 않기 때문이다. 하지만 국내 드라마들은 이른바 한류 드라마라는 동력을 얻어 최근 20여 년간 그 산업적 규모가 비약적인 성장을 거두었다. 그 어느 나라보다 잘 구축되어 있는 디지털 인프라 덕분에 미국 드라마와 일본 드라마를 일찍이 경험한 시청자는 높아진 눈높이로 한류 드라마에도 그만한 완성도를 요구했다. 따라서 드라마의 투자 규모는 갈수록 커지고 새로운 투자자들을 찾아내 새로운 시장을 발견해내는 일은 드라마 산업에 있어서 끝없는 과제로 지목되어 왔다.

〈겨울연가〉로 대변되는 초기 한류 드라마의 성장 동력을 만들었던 것이 일본이었다면, 〈별에서 온 그대〉부터 〈태양의 후예〉로 이어지는 최근 한류 드라마의 성장 동력을 만든 것은 다름 아닌 중국이었다. 특히 〈태양의 후예〉는 영화 투자배급사인 뉴NEW가 중국의 최대 포털 사이트 바이두가 설립한 동영상 서비스 업체인 아이치이iQIYI의 투자를 받아 중국 인터넷과 동시 방영한 작품으로, 이후 중국과 합자하는 한류 드라마들의 새로운 길을 열었다. 여기서 중요한 변화 하나가 생겨났다.

그것은 중국 인터넷에 동시 방영을 하기 위해서는 사전 심의가 필요하고, 당연히 심의에 통과하기 위해서는 100퍼센트 사전 제작을 할 수밖에 없었다는 점이다. 다행스럽게 이렇게 제작된 〈태양의 후예〉는 국내는 물론이고 중국에서도 큰 성공을 거두었다. 그와 함께 국내에서는 그토록 요구했으나 번번이 무산됐던 사전 제작제에 대한 논의가 다시 시작되었다. 하지만 드라마 제작 방식에도 긍정적인 변화를 가져오리라는 장밋빛 기대는 사드 배치 결정과 함께 냉각된 한·중 관계 속에서 이내 무너져버렸다.

중국의 한한령, 한·중 합작 드라마에 직격탄을 날리다

/

중국의 한한령限韓令(한류 금지령)은 공식적인 발표가 아니라 비공식적인 지침으로 전해졌다. 그런데도 그 파장은 상당했다. "장쑤성 방송국 책임자가 한국 스타가 출연하는 모든 광고 방송을 금지하라는 상부 통지를 받았다. 사태가 긴급하다. 방송사 모두 행동에 들어갔다." 중국 웨이보에 올라온 한 파워 블로거가 쓴 이 글은 곧바로 중국 인터넷 연예 뉴스에 '한한령 전면 업그레이드'라는 제목으로 대서특필 되었다. 이 내용은 외신을 타고 국내 일간지에 보도되었고, 그 일간지의 단독 보도는 다른 매체들의 인용 보도로 이어졌다. 그리고 이러한 보도의 파장은 곧바로 중국과 관련된 국내 엔터업체들의 주가가 폭락하는 결과로 이어졌다. 이런 보도로 인한 파장이 생겨날 때마다 중국 측은 공식적인 입장이 아니라며 부인했다. 그러나 비공식적으로는 알아서 움직이는 흐름이 생기고 있었다.

모처럼 〈별에서 온 그대〉와 〈태양의 후예〉로 중국이라는 새로운 시장을 찾아 활기를 띠던 이른바 한·중 합작 드라마들은 직격탄을 맞았다. 그 대표적인 사례가 〈태양의 후예〉를 쓴 김은숙 작가의 차기작이었던 〈쓸쓸하고 찬란하神-도깨비〉(이하 〈도깨비〉)였다. 〈도깨비〉는 한한령으로 인해 공식적인 채널로 방영되지 못하고 있는 상황에서 해적판 형태로 유통되며 〈태양의 후예〉 이상의 열풍을 만들었다. 웨이보에 공개된 후 줄곧 전체 조회수 1위를 기록했고 심지어 연말 중국에서 열리는 각종 시상식 영상보다 SNS를 통해 〈도깨비〉를 시청한 중국인이 더 많을 정도였다. 나아가 자신의 몸에 검을 합성하는 이른바 '도깨비 놀이'가 유행처럼 번지기도 했다.

하지만 한한령으로 인해 〈도깨비〉는 정식 루트를 통한 동영상 사이트 회당 방영권을 받지도 못했고 중국 기업의 광고 스폰서 역시 기대할 수 없었다. 이것만 해도 200억 원이 훌쩍 넘는 수익이 날아간 셈이다. 물론 출연 배우들이 한한령 없이 중국에서 광고를 찍을 수 있었다면 그 수익은 상상을 초월했겠지만 역시 이마저 기대할 수 없었다.

중국의 사전 검열, 드라마의 완성도를 잡는 족쇄가 되다

/

중국발 사전 제작은 또 다른 심각한 후유증을 낳았다. 애초에 어쨌든 드라마의 사전 제작은 완성도를 위해 좋은 것이 아니냐는 반응은 정작 드라마가 방영되면서 정반대로 돌아섰다. 〈상속자들〉로 중국 내 막강한 팬덤을 가진 김우빈이 출연한 〈함부로 애틋하게〉나 중국의 인기 드라마를 리메이크한 〈달의 연인-보보경심 려〉(이하 〈달의 연인〉)가 국내에서 참패했고, 이어서 〈화랑〉은 물론이고 〈대장금〉으로 범아시아권의 팬덤을 가진 이영애의 복귀작으로 중국의 엠퍼러그룹이 100억 원을 투자한 〈사임당, 빛의 일기〉까지 고전을 면치 못했다. 모두가 100퍼센트 사전 제작한 드라마였지만 어쩐지 대중의 반응은 시큰둥했던 것이다.

사실 사전 제작 자체는 문제가 아니었다. 다만 그것이 우리 제작사들의 현실적인 이유에서가 아니라 중국의 사전 검열을 위해 만들어진 것이라는 게 문제였다. 드라마의 완성도를 높이기는커녕 오히려 족쇄로 작용했다고 볼 수 있다. 사전 검열을 일찌감치 통과해야 하는 작품은 결국 완전한 대본이 아닌 상태로 제출되고, 그렇게 검열에 통과한 작품은 수정이 불가능했다. 결국 그대로 찍어야 하는 상황은 현실 상황에 따라 순발력 있게 대처해야 하는 드라마의 묘미를 못 살리는 결과를 낳았다.

〈사임당, 빛의 일기〉는 사드 영향과 함께 사전 제작의 직격탄을 맞은 대표적인 사례가 되었다. 중국의 투자를 받아 사전 제작했지만 사드 배치 문제로 한·중 관계가 얼어붙으면서 중국에서의 방영이 어려워지자 국내의 편성도 계속 미뤄졌다. 결국 국내 단독 방영이 결정되면서 적절한 시기를 놓치게 되었고 좋은 결과도 얻을 수 없었다. 하지만 더 큰 문제는 100퍼센트 사전 제작한 작품이 시대적 정서와 잘 맞지 않아 수정이 불가피했다는 점이다. 제작진은 편집을 통해 변화를 시도했지만 오히려 완성도를 해치는 결과를 만들었다.

멜로 장르에 대한 중국과 우리의 반응 차

/

중국을 염두에 둔 이른바 '중국향' 드라마의 가장 큰 문제는 정서적 차이를 극복하기 어렵다는 점이다. 〈함부로 애틋하게〉는 중국에서와 국내에서의 반응이 엇갈렸다. 중국에서는 꽤 괜찮은 반응이 나온 반면, 국내에서는 영 신통찮았던 것이다. 그것은 드라마가 가진 멜로라는 장르와 그 전개의 속도감에 대한 중국과 우리의 반응이 서로 달랐기 때문이다. 중국은 아직까지는 멜로 장르에 대한 판타지가 여전하지만 우리는 본격 장르물로 대중적 트렌드가 넘어가는 상황이었다. 게다가 드라마의 느린 전개는 중국에서는 용인될 수 있었지만 우리에게는 받아들여지기가 어려웠다. 이런 느린 전개의 멜로 장르가 가진 한계는 〈달의 연인〉에서도 그대로 드러났다.

〈달의 연인〉은 우리와 중국의 역사적 상황 자체가 달라 이질적이라는 비판도 제기되었다. 즉 중국은 황제와 황자들의 권력 투쟁이 흥미로울 수 있는 대목이지만, 고려를 배경으로 가져온 우리에게는 어딘지 이질적일 수밖에 없었다. 국내에서 제작한 사극이지만 어딘지 중국의 사극을 보는 듯한 이야기와 소재였다는 것이다. 즉 우리 시청자들에게 정서적인 이질감을 주었다.

〈사임당, 빛의 일기〉 역시 중국의 투자를 받아 만들어진 터라 주 타 깃이 우리가 아닌 중국인 것처럼 다가온 면이 있다. 사임당의 일생을 소재로 가져왔지만 조금은 황당할 수밖에 없는 '평행 우주' 같은 SF적 설정을 썼다는 점이 그렇다. 이것은 사임당이라는 인물을 잘 모르는 중국인에게는 수용될 수 있을지 모르지만 우리에게는 너무 과할 수밖에 없었다. 게다가 사임당이라는 인물을 지나치게 고전적인 캐릭터로 그림으로써 현재의 시청자들에게 큰 공감을 주지 못했다. 현재의 달라진 여성상을 반영한 재해석이 온전히 이뤄지지 않았던 것이다. 이런 고전적인 캐릭터도 여전히 보수적인 분위기의 중국에는 받아들여질 수 있었을지 모르나 우리에게는 시대와 맞지 않은 면이 있었다.

그나마 일시적일 것이라 믿었던 한류 관련 업체들은 이제 낙관적인 시선을 접고 냉정하게 현실을 바라봐야 한다는 자성의 시각으로 돌아오고 있다. 즉 한류업계에서 중국이라는 거대시장이 거대자본으로 한류를 중국 편향으로 만들었다면, 이제는 원래의 우리 제작 시스템으로 돌아와야 한다는 것이다.

가장 대표적인 사례가 아마도 중국 때문에 어쩔 수 없이 선택했던 100퍼센트 사전 제작 드라마에 대한 비판적인 시각이다. 드라마의 사전 제작은 완성도는 물론이고 제작의 노동환경을 개선하기 위해서도 반드시 필요하다는 게 드라마업계의 공통된 생각이었다. 하지만 이러한 필요성 때문이 아니라 중국 동시 방영을 염두에 두고 중국의 사전 검열을 통과하기 위해 억지로 하는 사전 제작은 오히려 드라마의 완성도를 떨어뜨리는 결과로 이어졌다.

〈함부로 애틋하게〉와 〈화랑〉에 이어 〈사임당, 빛의 일기〉가 모두 중국과의 동시 방영을 위해 100퍼센트 사전 제작되었지만, 국내에서 좋은 반응을 얻지 못한 것은 그래서다. 일단 사전 검열을 통과하기 위해 그 기준에 맞춰 대본 등을 제작하게 되고, 그렇게 통과된 대본이 현장에서 수정할 수 없는 족쇄가 되면서 오히려 완성도를 떨어뜨리는 아이러니가 생겼던 것이다.

이제 드라마업계에서는 우리에게 맞는 방식의 사전 제작을 고민해야 한다는 목소리가 커지고 있다. 50퍼센트 정도만 미리 제작하는 반사전 제작 시스템, 또는 100퍼센트 사전 제작을 하더라도 다양한 필터링으로 검증 과정을 거치는 제작 시스템이 대안으로 제시되고 있다. 즉 사드 보복 조치를 오히려 중국에 편향되면서 생겨난 한류의 왜곡을 바로잡는 계기로 활용해야 한다는 것이다. 그 해법을 찾기만 한다면 오히려 전화위복이 될 것이다.

월드와이드 시장을 겨냥한 콘텐츠 생산

/

　　중국의 사드 보복 조치로 인해 일본 시장으로 눈을 돌리는 대형 기획사들도 생겨나고 있다. JYP엔터테인먼트의 걸그룹 트와이스나 SM엔터테인먼트가 준비하는 동방신기의 일본 활동이 그것이다. 이처럼 중국으로 집중되던 한류의 흐름을 다시 분산시켜 사업을 다각화해야 한다는 목소리가 제기되고 있다.

　　일본뿐만 아니라 아시아와 유럽, 남미, 북미를 망라하는 월드와이드 전략은 이제 사드 보복으로 막힌 중국 시장에 대한 대응 전략으로 자리 잡고 있다. YG엔터테인먼트의 빅뱅 같은 경우는 중국만이 아니라 아시아, 북아메리카, 남아메리카, 유럽 등을 도는 월드 투어를 성공적으로 치렀다. 애초부터 월드와이드 전략을 구사해온 빅히트엔터테인먼트의 방탄소년단은 2018년에도 전 세계 투어를 계획 중이다.

　　드라마, 예능 같은 콘텐츠 한류 역시 중국 시장이 변하기를 기대하면서도 장기적으로는 월드와이드 전략을 추구해야 한다는 데는 동의한다. 중국 시장이 어렵게 된 이상, 최근 들어 한류 콘텐츠에 대한 열광이 생겨나고 있는 남미, 중동, 인도네시아, 태국, 베트남, 싱가포르, 홍콩 등으로 한류의 저변을 확대해야 한다는 것이다.

　　변화하는 글로벌 시장의 흐름에 한류도 자연스럽게 안착할 수 있는 길을 모색하는 일도 중요하다. 최근 글로벌 콘텐츠 시장은 인터넷이라는 새로운 플랫폼으로 변화하는 추세다. 우리 역시 인터넷 플랫폼을 통한 콘텐츠 서비스 시장이 커지고는 있지만 여전히 지상파, 케이블,

종편 같은 방송사 중심의 콘텐츠가 일차적으로 생산되고 이후 이 콘텐츠들이 인터넷을 통해 서비스되고 있는 게 현실이다. 이러한 콘텐츠가 가진 한계는 국적성이 강조된다는 점과 인터넷이라는 플랫폼에 최적화되지 못한 콘텐츠라는 점이다.

최근 국내 서비스를 본격화하겠다고 나선 넷플릭스의 경우 현재 190여 개 국가에 9,300만 명의 가입자를 보유하고 있다. 또한 인터넷 기반의 플랫폼으로서 미국은 물론이고 유럽, 아시아, 중동권까지 거의 전 세계의 콘텐츠들이 탑재되어 있다. 국적 개념이라는 걸 발견하기 어렵고 어느 나라든 보편적으로 통하는 콘텐츠들이 애초부터 글로벌을 겨냥해 기획되고 만들어져 올라와 있는 셈이다.

최근 드라마 〈시그널〉의 김은희 작가의 차기작인 〈킹덤〉이 넷플릭스 서비스를 공식화하겠다고 나선 것은 그래서 중국의 사드 보복의 대응 차원을 뛰어넘어 본질적으로 한류가 나아갈 새로운 길로 지목되고 있다. 세계적인 플랫폼을 개발하고 그것을 통해 한류 콘텐츠를 디지털을 통한 월드와이드 시장에 내보내는 일이 콘텐츠 생산국으로서 미래 시장을 개척할 대안이 될 수 있다는 것이다.

사드 배치 결정에 따른 중국의 한류 보복은 정부가 이야기하는 것처럼 단순히 국제 규범에 어긋나는지 어떤지를 찾아보는 걸로 대처할 수 있는 게 아니다. 오히려 그것보다는 타국의 안보 이슈를 무역 보복으로 몰아가는 중국의 방식에 대한 세계적인 비판 여론을 만드는 편이 훨씬 효과적일 수 있다. 하지만 이러한 눈앞에 벌어지는 일들에 대한 대처만으로는 근본적인 문제가 해결되지 않는다. 사드 문제가 아니었다고 해도 벌어질 일이 벌어진 것이라는 인식을 갖는다면 오히려 근본적인 해법이 보인다. 편향된 시장을 다각화하고, 우리의 본래 체질을 강화하며, 나아가 미래에 걸맞은 새로운 플랫폼과 거기에 최적화된 글로벌 콘텐츠를 만들어나가는 일이 근본적인 대안이 될 수 있지 않을까.

타임 리프,
시공을 초월한 시대적 열망과 소원을 담다

시간은 과거에서 현재를 거쳐 미래로 간다. 요즘은 드라마에 어찌 보면 이런 당연한 시간의 흐름을 거스르는 이른바 '타임 리프' 설정이 많이 등장한다. 2017년 초에 방영한 〈푸른 바다의 전설〉이나 〈사임당, 빛의 일기〉 〈도깨비〉 〈내일 그대와〉 〈터널〉 〈명불허전〉 같은 드라마가 과거와 현재가 교차하는 시간의 혼재를 담고 있다. 물론 이 모두를 타임 리프라고 말하긴 어렵다. 타임 리프란 말 그대로 시간을 뛰어넘는 SF적 설정을 하나의 장치로 가진 장르 드라마를 일컫는 것이기 때문이다.

하지만 시간의 혼재라는 개념으로 타임 리프를 좀 더 확장해서 보면 환생으로 얽혀 있든 평행 우주 같은 개념을 사용하든 혹은 아예 판타지적 장치를 활용하든, 그 개념은 그리 큰 차이가 없다는 걸 알 수 있다. 중요한 것은 장치 자체가 아니라 왜 이토록 시공을 초월하는 이야기가 쏟아져나왔고, 그것이 담고 있는 현재적 열망과 소원은 무엇이었는가 하는 점이다.

사실 타임 리프는 과거에서 현재로 또 현재에서 미래로 시간의 벽을 통과하는 데 그 장르적 쾌감을 담고 있다. 하지만 우리에게 타임 리프는 단지 그런 장르적 재미만을 추구한다기보다는 그렇게 시간을 뛰어넘어서라도 하고 싶은(혹은 해야만 하는) 욕망을 담아낸다는 점에서 독특한 장르적 변주를 보여준다.

타임 리프 장치를 매력적으로 만드는 요인

/

타임 리프를 통해 미래를 보고 현재를 바꾸려는 이야기 설정은 할리우드 영화에서도 많이 다루었던 소재다. 이를테면 〈터미네이터〉가 그런 이야기다. 미래에 지구의 종말이 먼저 그려지는데, 그걸 막기 위해 미래에서 현재로 터미네이터가 오는 설정이다. 그 이전에는 스티븐 스필버그의 〈백 투 더 퓨처〉가 그런 설정을 활용해 놀라운 몰입을 선사하기도 했다. 또한 〈사랑의 블랙홀Groundhog Day〉은 매일 같은 날을 반복해서 사는 남자의 이야기로, 앞으로 무슨 일이 벌어질지 아는 남자는 사고를 미리 막아주고 그 일을 계기로 여자와 사랑에 빠진다.

이처럼 시간을 교차시키는 설정이 주는 재미는 시간의 흐름에 기대는 드라마들이 보여주는 그 이야기의 틀을 뛰어넘을 수 있다는 흥미로움에서 비롯된다. 알다시피 개연성이라는 논리적 구조는 시간의 흐름과 무관할 수 없다. 과거의 어떤 사건이 전제되어 있어 현재 어떤 사건이 이어지고 그것은 또 미래의 사건을 발생시킨다. 하지만 시간을 뛰어넘는 타임 리프 판타지는 미래의 사건을 미리 보고 나서 현재나 과거로 돌아가 그걸 바꿈으로써 미래도 바꾸려 한다. 물론 여기에도 전제는 과거에서 미래로 흘러가는 시간의 흐름이 깔려 있지만, 타임 리프는 도저히 바꿀 수 없는 미래의 운명 같은 걸 바꿔줄 수 있는 장치로 등장한다. 운명론적인 사건이 아니라 보다 적극적으로 미래를 개척해 간다는(심지어는 미래를 바꾼다) 능동적 사고관이 타임 리프를 매력적으로 만드는 요인이다.

하지만 우리의 경우 타임 리프 장치를 활용한 드라마들을 보면 타임 리프라는 장치가 주는 재미만으로는 어떤 한계를 보인다는 점이 발견된다. 그 대표적인 사례가 〈내일 그대와〉다. 이 드라마는 타임 리프라는 판타지 설정을 쓰고는 있지만 그렇다고 다른 드라마들처럼 엄청나게 긴 시간을 뛰어넘지는 않는다. 현재를 기점으로 2~3년 앞의 미래가 교차되는 정도다. 시간여행자인 남자주인공이 지하철을 타고 가까운 미래와 현재를 왔다 갔다 한다. 미래에서 사랑하는 여자와 자신이 함께 사고로 죽어가는 장면을 목격하곤 현재로 돌아와 이를 바꾸기 위해 노력한다. 이 드라마가 실패한 것은 타임 리프 장치가 가진 묘미는 충분히 보여주었지만, 그렇게 시간을 되돌려서라도 희구하는 어떤 소망이나 욕망이 너무 개인적 차원에 머물렀다는 한계 때문이었다.

영원히 반복되는 고통에서 벗어나는 길

/

우리에게 타임 리프 장치가 어떤 의미인가를 가장 잘 드러내는 작품 중 하나가 〈터널〉이다. 이 드라마는 타임 리프 장치를 조금 다르게 활용했다. 등장인물은 시간을 과거에서 현재로 또 미래로 마음대로 이동하는 것이 아니라 원치 않게 시간이 이동되고, 그곳에 갇혀 빠져나오려 안간힘을 쓴다.

어째서 〈터널〉은 이런 장애물로서 터널이라는 공간을 타임 리프의 장치로 쓰고 있을까. 그것은 30년 후로 들어온 박광호(최진혁)에게 벌어지는 일련의 사건들을 통해 그 의미가 드러난다. 과거 잡지 못했던 연쇄살인범이 한 짓으로 추정되는 살인사건이 30년 후에도 여전히 벌어지고 있다. 그리고 그 살인범을 추적하는 과정에서 만나는 이들이 과거 자신과 관계있는 인물들이다. 즉 그의 파트너인 김선재(윤현민)는 과거 연쇄살인범에게 살해된 피해자의 아들이고, 범죄심리학자인 신재이(이유영)는 알고 보면 박광호가 미처 몰랐던 살아 있는 딸이다. 그리고 형사인 김선재를 도와주는 줄 알았던 부검의 목진우(김민상)가 바로 그 연쇄살인범이다.

〈터널〉이 보여주는 것은 과거 마무리되지 않은 사건은 현재에도 반복된다는 것이고, 과거 그 사건으로 고통받은 이들은 30년이 지난 현재까지도 그 고통에서 벗어나지 못하며 살아간다는 것이다. 결국 박광호가 30년의 세월을 넘어 현재로까지 오게 된 것은 이 고통의 뿌리를 그의 손으로 뽑아버리기 위해서다.

그는 현재까지도 살아 있는 연쇄살인범을 추격하고 그를 잡으면 '시간의 터널'을 통과해 과거로 돌아갈 수 있을 거라는 희망을 갖는다. 그렇게 되면 시간을 되돌려 아내의 죽음을 막을 수도 있고, 또 딸 신재이가 그토록 힘겨운 트라우마 속에서 성장하지 않아도 될 것이며, 김선재 역시 그 고통에서 벗어나기 위해 미친 듯이 범인을 잡는 데에만 청춘을 허비하지 않아도 될 것이다.

현재를 본 박광호는 과거의 사건이 어떤 의미인가를 깨닫는다. 그것은 그냥 벌어진 일이 아니고 누군가에게는 평생을 짊어져야 할 짐이며, 결코 기억에서 잊혀지지 않을 사건이라는 것이다.

이 드라마가 하려는 이야기는 보다 명백하다. '시간의 터널'을 넘어 저편으로 간 사람은 결코 돌아오지 못한다는 것이다. 이것이 피해자들이 겪은 일들이다. 하지만 그것은 피해자만의 고통이 아니다. 시간의 터널 이편에서 영원히 돌아오지 않을 이들을 그래도 돌아올 것이라 믿는 가족들이 있다. 시신조차 찾지 못해 죽음조차 인정할 수 없는 그들은 그래서 절규한다. 뼈 한 조각이라도 찾아달라고.

〈터널〉은 우리가 최근 겪은 가장 충격적인 사건인 세월호 참사를 떠올리게 만든다. 그리고 나아가 그 전사처럼 벌어졌던 삼풍백화점 붕괴, 성수대교 붕괴, 대구 지하철 방화사건 등 우리 현대사에 담긴 무수한 사고들을 떠올리게 한다. 이런 일들이 벌어질 때마다 우리는 마치 도망치듯 그 기억으로부터 빠져나오곤 했다. 하지만 그렇게 망각으로 던져 넣고 애초에 그런 일은 벌어지지 않았다고 '정신 승리'를 하는 동안 어떤 일들이 벌어졌는가. 유사한 사건사고들이 끊이지 않았다.

결국 그 영원히 반복되는 고통으로부터 벗어나는 유일한 길은 그냥 덮는 것이 아니라 아파도 그걸 직시하고 제대로 해결하는 일이라고 드라마는 말한다. 그것만이 '시간의 터널' 저편으로 간 그들을 위한 진정한 애도이자, 이편에 살아남은 자들을 위한 위로가 될 수 있으니 말이다. 이처럼 우리에게 타임 리프는 그저 과거와 현재, 현재와 미래의 시간을 오가며 느끼는 장르적 재미를 추구하는 걸로 끝나지 않는다. 그 안에 당대가 요구하는 어떤 시대적 갈증이 녹아 있을 때 비로소 장치로서의 힘을 발휘한다.

타임 리프에 담긴 현재적인 의미가 더 중요

/

우리에게 타임 리프 장치를 활용한 드라마가 좀 더 독특하게 느껴지는 것은 그것이 사극과 현대극의 기묘한 접점을 만들어내기도 하기 때문이다. 시간을 뛰어넘어 현재의 인물이 사극 속에 뚝 떨어지거나, 정반대로 사극 속 인물이 현재에 들어와 있는 장면은 그 이질적인 결합이라는 점에서도 흥미롭다. 특히 사극이 의학 드라마와 엮일 때는 그 드라마의 극적인 힘이 훨씬 커질 수밖에 없다. 하지만 여기에서도 시공간의 교집합이 왜 생기는지, 이를 통해 무엇을 얘기하고 싶은 것인지가 담겨 있어야 한다. 그저 이례적인 장면들이 주는 흥미만으로는 부족한 것이다.

예를 들어 〈신의〉는 고려시대의 최영 장군이 현재의 여의사와 시공을 초월한 사랑을 하는 이야기였는데 생각만큼 성공적이지 못했다. 또 조선시대와 현재의 전생과 이생을 넘나드는 〈푸른 바다의 전설〉이나, 이른바 평행 우주의 세계관을 끌어와 과거와 현재를 엮은 〈사임당, 빛의 일기〉 역시 실패했다. 과거와 현재를 엮고 사극과 현대극의 교차를 보여주는 흥미로움이 있었지만 그 이상의 의미를 담아내지 못했기 때문이다.

반면 〈명불허전〉은 조선과 현재를 뛰어넘는 타임 리프 장치를 조금은 가볍게 활용했지만, 그 코미디 속에 괜찮은 메시지를 담아냄으로써 성공한 드라마가 되었다. 조선 최고의 침구술을 가진 의원 허임(김남길)과 현재의 외과의사 최연경(김아중)의 조선과 현재를 넘나드는 타임 리프를 보여준 드라마로, 과거와 현재의 비교점을 통해 임진왜란 당시 민초들의 열악한 의료 현실이 풍요로워 보이는 현재에서도 서민들에게는 그리 다르지 않다는 걸 알려준다. 그러면서 생명을 다루는 의원(혹은 의사)이 가야 할 길을 제시했다는 점에서 지금 우리에게도 울림을 주었다. 모든 것이 자본화되면서 생명을 살리는 것이 본분이어야 할 의사들이 돈벌이의 수단으로 의료기술을 활용하는 세태를 꼬집었던 것이다.

이처럼 사극과 현대극, 그것도 사극과 의학 드라마라는 장르적 혼재를 타임 리프가 가능하게 해준다고 해도 그 성패가 갈리게 된 것은 그 안에 담기는 현재적인 의미가 대중에게는 더 중요하게 다가왔다는 이야기다.

시간을 바꾸어서라도 되돌리고 싶은 시대적 열망과 소원

/

타임 리프는 또한 우리의 달라진 시간관념을 보여준다. 시간을 과거에서 현재를 거쳐 미래로 흘러가는 것으로 보는 관념은 우리가 순차적 사고를 하면서 가지게 된 것이다. 이건 미디어 경험과 관련이 있다. 예를 들어 책이 이런 시간관념을 경험하게 하는 대표적인 미디어다. 책은 왼쪽에서 오른쪽으로 혹은 나라에 따라서는 오른쪽에서 왼쪽으로 흘러가며 읽는다. 이러한 미디어 경험은 부지불식간에 순차적으로 흘러가는 시간관념을 만들어낸다. 우리가 글 하면 기승전결을 떠올리게 되는 것은 책이라는 미디어의 구조 자체가 그렇게 되어 있어서다.

하지만 인터넷 같은 디지털 미디어에 올라오는 글들을 우리는 더 이상 순차적으로 읽지 않는다. 어느 정도 읽다가 하이퍼링크가 걸려 있으면 그 해당 글로 건너뛰었다가 다시 돌아와 나머지 부분을 마저 읽는다. 이건 좀 색다른 시간 경험을 가능하게 해준다. 과거에서 현재를 거쳐 미래로 가는 시간의 흐름이 아니라 과거에서 미래, 또 미래에서 과거로 자유롭게 건너뛰는 시간의 흐름이 가능하다는 걸 적어도 콘텐츠를 통해서는 경험하게 되는 것이다.

이런 점들 때문에 최근에는 하이퍼텍스트를 활용한 소설도 인터넷에 등장했다. 거기서는 한 문단을 읽고 원하는 방식으로 다음 문단으로 뛰어넘는 것이 가능하다. 즉 과거에는 어떤 사물을 보면 왼쪽에서 오른쪽으로 혹은 위에서 아래로 순차적으로 봤다면, 지금은 전체를 관망하고 거기서 관심 있는 걸 찍어서 더 자세히 보는 식이다. 그러니 시간도 하나씩 흘러가는 것이 아니라 한꺼번에 조망하면서 어디로든 튈 수 있는 가능성을 가진 개념으로 보는 것이다.

타임 리프는 이렇게 새로운 미디어를 통해 경험하게 된 새로운 시간관념이 작품들 속에 판타지적 욕망으로 투영된 결과라고 볼 수 있다. 특히 최근 들어 이러한 타임 리프가 더 많이 쏟아져나오는 것은 그래서 '시간을 되돌려서라도 바꾸고 싶은' 시대적 열망과 소원이 그 어느 때보다 많아졌다는 걸 말해준다.

욜로 청춘,
나의 행복을 찾아서

　최근 몇 년간 청춘은 대중문화의 중요한 키워드가 됐다. 2010년 김난도 교수의 《아프니까 청춘이다》라는 저서는 청춘에 대한 담론을 촉발시켰다. 하지만 그 후 청춘 담론은 그 아픔을 긍정적으로 받아들이는 차원을 넘어, 청춘의 아픔이 어디서 비롯되고 있는가 하는 구조적인 문제를 들여다보는 방향으로 바뀌었다. '아프니까 청춘'이라는 말은 그래서 청춘들에게는 비판의 대상이 되었다.

　아픔은 청춘이기에 겪어야 하는 일반적인 통과의례가 아니라 사회가 그들에게 부과한 특별한 문제들이었다. 그래서 청춘의 문제는 그들이 아닌 어른들의 문제로 새롭게 부각되었다. 어른들이 만들어낸 잘못된 시스템 속에서 청춘은 이른바 삼포세대(연애, 결혼, 출산을 포기한 세대)로 전락할 수밖에 없었고, 이것은 지금 우리 사회의 심각한 당면 과제가 되었다.

그래서 〈미생〉에서부터 〈청춘시대〉까지 이들 드라마가 청춘을 등장시키면서도 일관되게 보여준 것은 그들이 처한 현실의 어려움이었다. 하지만 이런 청춘의 현실 문제가 오래 지속되면서 2017년 대중문화에서는 조금 다른 해법들이 등장했다. 그것은 고통스러운 사회 현실 속에서 시스템과 싸워나가면서도 동시에 개인적 행복을 추구하는 경향이 두드러졌다는 점이다. 드라마 〈자체발광 오피스〉〈시카고 타자기〉〈쌈, 마이웨이〉 등이 대표적이다. 사회적 잣대가 엄연하고 그 속에서 어떻게 행동해야 살아남을 수 있다는 법칙 같은 것들이 제시되는 게 현실이지만, 그래도 스스로 선택한 삶 속에서 저마다의 행복을 추구하는 것이 그나마 이 아픈 청춘의 현실을 넘을 수 있는 방법이라고 이들 드라마는 말한다.

청춘 멜로의 외피를 쓰고 있는 이들 드라마는 청춘의 당면한 문제를 현실의 밑그림으로 깔아놓고 그걸 해결해나가는 그들의 투쟁적인 삶을 담아냈다. 그러면서 동시에 그 힘겨움을 위로하고 치유하는 또한 축으로서 개인적 행복으로서의 사적인 멜로를 새삼 부각시켰다. 그것은 현실도피 같은 수동적 선택이라기보다는 훨씬 더 적극적으로 추구되는 능동적 선택이라는 점이 과거와는 달라진 것이다. 즉 이들이 바라는 것은 대단한 성공이나 성취가 아니라 그저 평범하게 누군가를 사랑하고 함께 행복하게 지내는 것이다. 그것은 사회적 성장의 사다리가 끊긴 세대의 어쩔 수 없는 선택이라기보다는 사회가 추구하는 가치를 거부하는 능동적 선택으로도 읽힌다.

인턴만 거듭되는 인생, '호모인턴스' '호모알바스'

/

최근 들어 청년 실업을 말해주는 다양한 신조어들이 등장했다. '호모인턴스' '호모알바스' 등도 그중 하나다. 인턴만 거듭되는 인생. 심지어 정규직이 되지 못하고 계속되는 인턴 생활로 부장만큼 풍부한 경험을 쌓은 인턴을 '부장 인턴'이라 부르기도 하고, 휴지처럼 쓰다 버려지는 처지를 빗대 '티슈 인턴'이라는 지칭도 나온다.

〈자체발광 오피스〉는 은호원(고아성)이라는 좌충우돌 똘끼 충만 인턴을 통해 우리네 청년 실업의 자화상을 그려냈다. 은호원은 스펙이 이게 뭐냐는 노골적인 면접관 앞에서 말문이 막힌다. 게다가 좋은 성적도 '성적만' 좋다고 폄하당한다. 즉 성적은 기본이고 거기에 갖가지 스펙이 더해져야 비로소 면접 볼 자격이 있다는 식이다. 매일같이 아르바이트를 전전하느라 또 다른 스펙을 쌓는다는 것은 언감생심인데도 말이다. 은호원은 그렇게 무려 100번째 면접을 보고 떨어진다.

그런데 이 좌절한 청춘에게 시한부 인생이라는 더한 시련이 찾아온다. 물론 그건 다른 사람의 경우를 오해한 것이지만, 바로 그 절망의 끝에 서게 되자 이 청춘은 색다른 선택을 한다. 계약직 인턴으로 뽑혀 시키는 대로 하다 어느 순간 잘려도 할 말이 없는 처지지만, 어차피 피어나지도 못하고 갈 상황이라면 회사에서 잘리더라도 하고 싶은 대로 말하고 행동하겠다는 것이다. 그런데 그렇게 그가 자신의 목소리를 내기 시작하자 의외의 일들이 벌어진다.

지금 청춘들을 가장 힘들게 하는 것은 취업이다. 대학을 나와도 취업하기가 쉽지 않은 현실 속에서 연애는 사치일 수밖에 없다. 연애를 못하는데 결혼이 가능할 리 없고, 결혼을 해도 불안한 취업 현실 속에서 육아는 쉽지 않은 선택이 된다. 따라서 최근 청춘들을 다루는 드라마들이 취업 현실을 끌어오는 것은 그것이 이 모든 문제의 출발점이기 때문이다. 〈자체발광 오피스〉는 인턴으로 살아가는 청춘들의 '발광할 것 같은' 현실을 다루면서 동시에 그 해법으로 '스스로 빛을 내는' 자신만의 길을 찾으라고 말한다.

다른 시대 같은 청춘들의 선택, 카르페 디엠

/

〈시카고 타자기〉에는 두 시대를 사는 청춘들이 등장한다. 현재를 살아가는 한세주(유아인)는 베스트셀러 작가지만 전생인 일제 강점기에는 신분을 숨긴 채 독립운동을 하는 청년단체의 수장(휘영)이다. 그리고 한세주의 팬인 전설(임수정)은 수의사로서 갖가지 아르바이트를 하며 살아가지만, 전생에서는 한세주와 함께 독립운동에 가담했던 인물(수연)이다. 어느 날 그들 앞에 유령작가 유진오(고경표)가 나타난다. 그런데 그는 알고 보면 일제 강점기 그들과 같이 독립운동을 했지만 어찌된 일인지 환생하지 못하고 구천을 떠도는 인물(신율)이다. 일제 강점기와 현재가 교차하는 〈시카고 타자기〉는 그 다른 시대에 같은 청춘들의 초상을 그려 넣음으로써 그 삶을 비교하게 만든다.

일제 강점기 나라를 빼앗긴 청춘들은 저마다 해방된 조국에서 꿈꾸는 행복에 대해 말한다. 누군가는 일제에 빼앗긴 논마지기를 찾아 시골에 계신 노모를 모시고 사는 게 행복이라고 말하고, 또 다른 누군가는 순사가 꿈인 아들이 일본의 순사가 아니라 조선의 경찰이 되는 게 소원이라 말한다. 어릴 적 첫사랑을 만나 신나게 연애하는 것이 행복이라고 말하는가 하면, 이제 막 딸아이의 아빠가 된 청춘은 그렇기 때문에 하루빨리 조국이 해방되어야 하기에 거사를 위해 달려왔다고 말한다. 조국의 해방을 위해 목숨을 거는 그들이지만 이렇듯 꿈은 너무나 소박하다. 그저 평범한 일상을 자유롭게 누리고 싶을 뿐이다.

그 냉엄한 현실 속에서 개인의 행복은 사치에 가깝다. 그들 앞에는 죽음이 기다리고 있기 때문이다. 서로 사랑하고 있지만 그 감정을 드러내는 것 역시 사치다. 그래서 서로 사랑의 감정을 느끼는 수연과 휘영은 다음 생에 만나게 되면 원하는 것이 그저 감정 속이지 말고 마음껏 사랑하는 일이다. 그런데 그들은 다음 생, 해방된 조국에서 원하던 그 행복을 맞이하게 됐을까. 〈시카고 타자기〉가 전생과 현생을 이어 하려는 질문은 그래서 작금의 청춘들의 현실을 더듬는다.

그 답변은 일제 강점기에 독립운동을 위해 유예했던 그 소망과 꿈들을 지금도 여전히 청춘들은 유예한 채 살아가고 있다는 것이다. 그래서 드라마는 그 주제의식으로서 '카르페 디엠'을 내놓는다. 일제 강점기 청춘들이 독립운동을 했던 본거지의 카페 이름이기도 한 카르페 디엠은 '지금 이 순간을 즐겨라'라는 의미를 담는다. 그때나 지금이나 그리 달라지지 않은 현실이 말해주는 것은 미래를 위해 현재의 행복을 유예시킨다고 해도 달라지는 것은 없다는 깨달음이다. 미래를 꿈꿀 수 없다면 지금 순간이라도 행복해야 한다는 메시지를 전한다. 그래서 카르페 디엠은 지금의 청춘들이 갑갑한 현실 속에서 찾아낸 하나의 해법이 된다.

비록 '쌈마이'일지라도 내 꿈을 위해 '마이웨이'

/

한때 태권도 유망주였으나 동생의 수술비 때문에 부정승부를 함으로써 협회로부터 영구히 제명되는 현실을 맞게 된 고동만(박서준). 백지연 같은 아나운서가 되는 게 꿈이었지만 스펙이 없어 백화점 안내원으로 근근이 살아가는 최애라(김지원). 홈쇼핑 회사의 대리지만 죽어라 노력해도 중간 정도의 삶을 꾸려가기 힘든 김주만(안재홍). 그리고 그만을 바라보며 자신을 희생해 소소한 행복을 꿈꾸는 백설희(송하윤).

드라마 〈쌈, 마이웨이〉는 현실에 치여 상처입은 청춘들의 이야기로 시작한다. 그럭저럭 버텨내고 있지만 현실은 녹록지 않다. 진드기 잡는 일을 하며 살아가는 고동만은 사사건건 트집을 잡는 상사 앞에 그것이 자신이 원하는 길이 아니라는 걸 깨닫고, 갑질 VIP에게 호되게 당하다 그걸 목격한 고동만 때문에 엉겁결에 최애라는 백화점 일을 그만두게 된다. 액면으로 보면 그들은 백수가 된 것이지만, 그 길 바깥으로 나오자 비로소 꿈이 다시금 보이기 시작한다. 세상에 '쌈마이' 취급을 받던 그들이 그럼에도 '마이웨이'를 찾아가게 되는 것이다.

한편 6년째 사실혼 관계로 살아가는 김주만과 백설희는 같은 회사에서 자신들의 진짜 관계를 당당히 밝히지 못한다. 그사이 인턴으로 들어온 부잣집 딸 장예진(표예진)이 김주만에게 애정 공세를 펼치면서 그들은 파경을 맞는다. 자신을 희생해서라도 남자친구를 챙기려 했던 백설희나 어떻게든 성공해 여자친구에게 중간 정도의 삶을 누리게 해주려던 김주만. 그들의 파경은 결국 현실의 높은 벽 때문이었다. 하지만 그렇게 떨어져 지내면서 그들은 새삼 서로의 소중함을 깨닫는다. 결혼이라는 현실 앞에서 막막하지만 그들만의 길을 찾아간다.

〈쌈, 마이웨이〉는 이처럼 일과 사랑이 현실 때문에 상처받는 청춘들의 이야기를 담고 있지만 그들만의 이야기에 그치지 않는다. 흙수저인 그들의 부모 세대 역시 똑같은 흙수저의 삶을 살고 있다는 걸 같이 보여줌으로써 '청춘'의 문제를 '소외된 이들'의 문제로 확장한다. 자식들이 힘겨운 삶을 사는 걸 바라보면서도 해줄 수 있는 일이 '격려'나 '위로'뿐이라는 사실 앞에 부모들은 절망한다. 차라리 자신들이 겪는 아픔이야 감수할 수 있어도 자식들로 대물림되는 현실의 고통은 바라보는 일조차 힘겨울 것이다.

이로써 〈쌈, 마이웨이〉는 청춘에서 시작해 기성세대까지 아우르며 우리 사회의 부조리한 시스템에 대한 문제의식을 담아낸다. 그나마 과거 개발 시대에는 태생적 한계를 넘어서 자신을 성장시킬 수 있는 사다리라도 존재했지만, 이제는 그 사다리 자체가 사라져버려 개천에서는 결코 용이 나올 수 없는 현실을 한탄한다. 그리고 대안으로 제시하는 것이 바로 '쌈마이웨이'다. 즉 '쌈마이'라고 불릴지라도 자신이 본래 원하는 꿈을 향해 한 걸음씩 내딛는 것이야말로 변화의 시작이 될 수 있다는 것이다.

〈쌈, 마이웨이〉는 더 이상 시스템 안에서는 해결되기 어려운 청춘의 문제들을 '대안적 선택'을 통해 넘어서려는 시도를 보였다. 금수저, 흙수저로 구조화된 사회 시스템 속에서 흙수저라도 자신이 좋아하는 일에 뛰어들고 사랑하는 사람과 함께 살아가는 것에서 저마다의 행복을 찾아갈 수 있다는 대안 말이다. 살벌한 경쟁 속에서 한두 장의 이력서에 적힌 스펙이 그 사람을 판단하는 기준이 되고, 그래서 어떤 대학을 가야 하고 졸업하면 어떤 대기업에 입사해야 하는 것이 행복한 삶의 기준처럼 치부되는 사회. 그 잘못된 사회 시스템 속에서 이 드라마는 저들이 정해놓은 길을 따라가기보다는 자신만의 길을 찾아가라고 말한다.

욜로, 어쩌면 더 큰 현실의 장벽

/

카르페 디엠. 쌈마이라도 자신만의 길을 찾아가라. 이런 청춘들의 새로운 목소리가 담긴 트렌드로 새삼 주목받은 것이 바로 욜로 YOLO다. 'You Only Live Once!'를 외치는 목소리는 그래서 그 어떤 목소리보다 컸다. 단 한 번뿐인 삶이니 하고 싶은 것을 미루지 말고 지금 바로 실행에 옮기라는 것이다. 대중의 취향과 트렌드에 민감한 대중문화는 즉각적으로 이 목소리들을 수용했다. 나영석 사단이 만든 〈윤식당〉, 이효리가 출연한 리얼리티 예능 〈효리네 민박〉이다. 이들 프로그램은 기존 사회 시스템 안에서의 경쟁적인 삶에 지친 이들로 하여금 잠시 시스템 바깥의 삶을 경험하게 해주는 이른바 '욜로 예능'이었다.

욜로 트렌드 프로그램을 통해 주로 보여준 것은 '여행'이었다. 그럴 수밖에 없는 것이 '하고 싶은 일'이라는 것이 거꾸로 보면 '하고 싶지 않은 일을 안 하는 것'으로도 읽힐 수 있기 때문이다. 복잡한 도시, 수백 명으로 얽힌 관계의 그물들, 생계를 위한 밥벌이의 지겨움, 똑같은 일상의 반복 등. 이곳에 정착해 사는 삶은 어느새 '하고 싶지 않은 일들'로 가득 채워져 있다. 그러니 홀쩍 떠나는 것만으로도 욜로다. 낯선 곳에 가서 비로소 자신이 살던 현실을 되돌아보기도 하는 것이 우리가 여행을 떠나는 중요한 목적이 아닌가. 그러니 일단 떠나야 현실에 가려 보이지 않던 진짜 하고 싶은 일을 발견할 수도 있다.

경쟁적인 삶에 지친 이들에게 잠시 다른 삶을 경험하게 해주는 '욜로 예능'
〈효리네 민박〉.

물론 이러한 욜로 트렌드의 삶은 '성공 지향'에서 '행복 지향'으로 나아가는 사회의 성숙을 말해주는 것이라고 볼 수 있다. 하지만 이렇게 능동적으로 보이는 욜로, 나아가 '스몰 럭셔리' '미니멀 라이프' 트렌드의 뒤안길을 들여다보면 그것이 반드시 자발적으로만 생겨난 게 아니라는 걸 발견한다. 즉 욜로가 추구하는 '현재에 충실한 삶'이란 달리 말하면 '불투명한 미래'에 대한 기대가 더 이상 없다는 말이기도 하다. 스몰 럭셔리는 이렇게라도 하지 않으면 그저 하루하루를 연명하는 삶으로 가득 채워질 것이라는 비관적인 현실이 그림자처럼 드리워져 있다. 또 미니멀 라이프는 어쩔 수 없이 '미니멀'하게 살아야 하는 현실을 말해주는 것인지도 모른다. 치솟는 전세가로 자주 이사를 해야 하는 현실에서 물건을 자꾸 채워넣는 것은 애초부터 불가능한 일인지도 모르니까.

다시 말해 최근의 청춘 멜로를 담은 드라마들이 보여주는 욜로적 성격은 어떤 면에서 보면 더 큰 현실의 장벽을 말해주는 것이라고 할 수 있다. 물론 이 어쩔 수 없는 현실을 긍정적으로 수용한다는 그 가치는 좋은 것이다. 하지만 그것이 좀 더 능동적이고 현실만이 아니라 미래까지를 담보할 수 있으려면 개인적 차원의 행복 추구와 함께 그것을 근본적으로 가능하게 해주는 사회적 시스템을 바꿔나가려는 노력이 전제되어야 한다. 결혼과 육아를 담보해내지 못하면 연애 자체도 포기하게 되듯이.

III부

대중문화 영화
핫트렌드

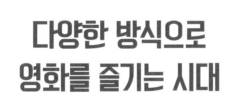

다양한 방식으로
영화를 즐기는 시대

예상외 대박,
관객들의 선택에는 분명 이유가 있다

　2017년은 영화계에 이변이 속출한 한 해였다. 2016년 연말 라인업 발표 당시부터 여름과 겨울의 텐트폴 영화로 예측됐던 몇몇 영화는 예상치 못한 복병을 만나거나 관객들의 기대에 부응하지 못한 채 개봉 한두 주 만에 조용히 막을 내렸다. 반면, 캐스팅이나 제작비 규모 등에서 주목받지 못했던 중소 영화들이 관객들의 호응과 입소문에 힘입어 장기 흥행 레이스를 펼쳤다.

　좋은 영화의 기준이 흥행에만 있는 것은 아니다. 흥행에 성공했다고 해서 꼭 좋은 영화라는 보장도 없다. 하지만 대중이 선택한 데는 반드시 이유가 있게 마련이다. 수많은 감독과 배우들이 "영화의 최종 완성은 관객에게 있다"라고 항상 강조하는 것처럼 결국 관객들이 선택하고 즐겼다면 더더욱 그러할 것이다. 기획, 캐스팅, 촬영, 편집 등의 단계를 거치며 최종 완성된 영화의 전략과 전술이 관객들의 흥미를 끄는 데 어떤 방식으로든 관통했다고 볼 수 있다.

해마다 기대를 뛰어넘는 중소 규모 영화들이 있었지만, 특히 2017년에는 제작비 규모나 캐스팅에서 동시기 경쟁작에 비해 약체로 꼽혔으나 기대와 예상을 뛰어넘어 신드롬에 가까운 흥행과 인기를 모은 다윗 같은 영화들이 속출했다.

그중 〈범죄도시〉는 추석에 개봉해 〈남한산성〉과 할리우드 블록버스터 〈킹스맨 : 골든 서클〉을 가볍게 제치고 박스오피스 상위를 장악했고, 〈택시운전사〉〈공조〉에 이어 2017년 한국 영화 흥행 3위를 기록했다. 또한 〈청년경찰〉은 〈택시운전사〉〈군함도〉라는 여름 텐트폴 영화들에 맞서 당당히 659만 관객을 기록하며 청년층과 학생들의 열렬한 지지를 모았다. 잔잔한 코미디 장르인 줄 알았으나 큰 울림을 준 의미와 재미를 다 잡은 327만 흥행의 〈아이 캔 스피크〉도 그 주인공 중 하나다.

2017년 골리앗과의 싸움에서 흥행에 성공한 다윗 같은 영화들.

주연, 조연, 유행어의 3박자

/

〈범죄도시〉는 지난 추석 연휴에 개봉해 개봉 2개월 차인 11월에도 박스오피스 순위를 지켰다. 뿐만 아니라 역대 청불 한국 영화 중〈아저씨〉를 제치고 흥행 3위에 오르는가 하면, 제작비 200여억 원이 들어간 대작 〈군함도〉를 제치고 2017 한국 영화 흥행 3위에 오르는 기염을 토했다.

기획 및 촬영 단계에서 이 영화에 크게 관심을 갖는 이는 없었다. 캐스팅에서 〈부산행〉〈베테랑〉의 마동석의 인기가 치솟고 있었고, 〈풍산개〉〈소수의견〉〈죽여주는 여자〉 등 사회성 짙은 영화들에서 제 몫 이상을 해냈던 윤계상의 신선한 조합은 눈길을 끌 만했다. 그러나 최근 몇 년간 톱 배우들의 멀티캐스팅이 영화 흥행의 첫 번째 요건이라는 철옹성 같은 명제가 충무로에 만연해 있었다. 그랬기에 17년 동안 감독 데뷔를 준비한 신인 강윤성 감독 조합은 언론이나 관객의 흥미를 끌기에는 부족했다.

하지만 제작비 규모에서 비교가 안 되는 〈남한산성〉, 미국 블록버스터 〈킹스맨 : 골든 서클〉을 상대로 〈범죄도시〉가 대중에게 공개된 지 1주일 만에 흥행 청신호가 켜졌다. 일일 박스오피스 1위를 차지했고 손익분기점도 넘겼다. 이후 흥행으로 향하는 폭주기관차에 올라탄 듯 이어지는 경쟁작들에도 별다른 영향을 받지 않은 채 개봉 60여 일(12월 11일 현재) 만에 687만 9,511명의 관객을 모았다.

이 같은 신드롬에 가까운 영화의 흥행은 주연배우인 마동석과 윤계

윤계상이 연기한 장첸의 말투인 '아이받니'와 '늬 내 누군지 아니'로
유행어를 만든 〈범죄도시〉.

상을 향한 호감도의 급상승은 물론이고 각종 패러디와 유행어를 낳았
다. 유행에 가장 민감한 인터넷 쇼핑몰들조차 윤계상이 연기한 장첸의
말투인 '아이받니'와 '늬 내 누군지 아니' 등을 본떠 '아이사니' '아이먹
니' 등의 어법을 사용하는가 하면, 내비게이션 안내 멘트 또한 이 영화
의 말투를 사용 중이다. 네티즌도 휴대전화 메인 화면에 장첸의 얼굴
과 '아이받니'를 합성하는 놀이를 즐겼다. 이처럼 영화의 흥행이 또 다
른 콘텐츠를 생산하며 큰 인기를 얻었다. 예상치 못한 흐뭇한 광경이
었다.

진정한 중소 영화의 예상외 대박

/

하나의 콘텐츠가 흥행하는 데는 분명 견인차 역할을 하는 이유가 있지만, 그 외 다른 요소들도 잘 어우러졌기 때문이다. 흥행의 다른 요소들은 무엇일까? 정시우 칼럼니스트는 〈범죄도시〉의 흥행 이유를 이렇게 분석한다.

"〈범죄도시〉는 진정한 중소 영화의 예상외 대박이다. 흥행의 중심에는 마동석이 있다. 마동석이라는 배우의 개성이 캐릭터에 깊숙이 관여, 극에 활기를 부여한다. 이 영화가 품은 범죄영화의 클리셰들이 그리 식상하게 느껴지지 않는 것은 그러한 클리셰를 마주한 마동석이 취하는, 예상을 비껴가는 리액션들에 있다. 그사이에서 빚어지는 이질적인 분위기가 이 영화만의 특색으로 발화되며 관객의 호감을 샀다. 윤계상의 변신과 조연배우들의 호연은 흥행의 후반을 견인했다. 영화가 장기 흥행하려면 이슈가 꾸준히 만들어져야 하는데, 이를 조연배우들이 맡아서 이었다."

그는 또한 〈범죄도시〉의 흥행이 이후 충무로에서 기획되는 영화들에도 영향을 미칠 것이라고 말한다.

"이 영화가 충무로에 끼칠 영향은 장단점이 분명하다고 본다. 장점은 스타에 매몰된 캐스팅 시스템의 저변이 조금 더 넓어질 수 있는 계기를 만들어줄 것 같다. 마침 관객들이 비슷해 보이는 조합의 스타 캐스팅에 반감을 가질 때였다. 가려운 곳을 제때 제대로 긁어줬으니 '운대'가 좋았던 셈이다. 조연배우들이 한 영화에서 이토록 많이 발견된

순수 오락영화로서의 높은 완성도를 자랑하는 〈범죄도시〉.

것은 〈범죄와의 전쟁 : 나쁜 놈들 전성시대〉 이후 오랜만인데, 이 영화의 조연들이 주연으로 자리 잡으며 배우 파이를 넓혔듯 〈범죄도시〉의 배우들도 그럴 것으로 보인다."

하지만 아무리 잘된 영화라도 장밋빛 전망만 있을 수는 없을 것이다. 그는 어두운 전망도 잊지 않았다.

"단점은 조폭 장르가 결합된 형사물의 재생산이다. 〈범죄도시〉는 결함이 많은 영화이고, 그 결함을 배우의 매력으로 지워나간 기획 영화다. 식상한 조폭영화와는 결이 다르지만 그렇다고 그 자장에서 완전히 벗어난 것도 아니다. 그나마 색다른 조폭영화로 보일 수 있었던 데는 앞서 말했듯 마동석이 있었기에 가능했다. 〈범죄도시〉의 흥행만을 보고 이런 유의 영화에 너 나 할 것 없이 달려든다면 남은 건 '조폭+형사물'의 증폭뿐이라고 본다."

한편, 〈범죄도시〉 제작사 정원석 대표가 말하는 영화의 흥행 이유다.

"순수 오락영화로서의 높은 완성도 때문이라고 생각한다. 관객들은 편하게 웃고 즐길 수 있는 오락영화를 원했는데, 이 영화가 권선징악 스토리를 살벌하면서도 통쾌하게 풀어낸 것에 크게 만족한 것 같다. 실화를 토대로 날것 같은 형사 액션 영화라는 점에 끌려 이 영화를 제작하게 되었다. 시장에서 평가하는 기존 캐스팅이나 감독의 인지도를 벗어나 순수하게 영화적 재미와 이야기에 적확한 캐스팅, 중급 예산에 절실한 스태프와 배우진으로 구성해 나머지 경쟁작들을 이겨낸 것이 이번 영화의 가장 큰 성과다."

그렇다면 2편 제작을 기대해도 되지 않을까? 그는 2편에 대한 가능성도 밝혔다.

"기획 초기부터 영화가 잘 되면 시리즈로 가자고 논의했고 제목도 시리즈를 염두에 두고 정했다고 한다. 따라서 현재 구체적인 계획은 없지만 강윤성 감독, 마동석 배우 모두 2편에 대해 생각하는 줄거리가 있기에 2019년 개봉하는 일정으로 준비할 수 있었으면 좋겠다."

두 청춘 배우의 케미와 개봉 타이밍이 좋았다

/

〈청년경찰〉은 그야말로 청년 감독과 청년 배우가 의기투합해 만든 영화다. 롯데엔터테인먼트는 애초에 김용화 감독과 하정우, 차태

현이 의기투합한 〈신과 함께〉를 여름 시장에 내놓을 계획이었다. 그러나 CG 때문에 여름 개봉이 어려워진 〈신과 함께〉를 대신해 신인 감독이나 다름없는 김주환 감독, 배우 박서준과 강하늘이 뭉친 〈청년경찰〉을 대작 〈군함도〉와 〈택시운전사〉의 경쟁 상대로 내놓았을 때, 어느 누구도 이 영화가 손익분기점인 200만 관객의 2.75배에 달하는 결과를 얻을 것이라고 예측하지 못했다.

범죄 장르이긴 했으나 2017년 여름 유일한 웃음 장전 영화였던 〈청년경찰〉은 주말 박스오피스 2위를 오랜 시간 지키며 흥행 레이스를 이어갔다. 박서준, 강하늘이라는 젊은 피의 신선함과 다년간 쇼박스에서 투자와 홍보를 겸하며 영화계를 분석하며 시나리오를 쓴 김주환 감독의 패기가 시너지를 냈다.

홍종선 대중문화 전문기자의 〈청년경찰〉의 흥행에 대한 분석이다.

"울고 싶은 아이 뺨 때린 격으로 개봉 타이밍이 좋았다. 2017년 6, 7월 개봉작을 보면 관객의 기대를 빗나간 블록버스터인 〈군함도〉 〈옥자〉 〈리얼〉 〈미이라〉, 신경줄이 피로할 만큼의 지독한 복수 〈하루〉 〈악녀〉, 역사적 인물과 사건에 대한 진지한 반추 〈박열〉 〈덩케르크〉 등이 있었다. 가볍게 웃고 스트레스를 날리고 싶었으나 마땅한 영화를 찾지 못했던 관객이나 여름 주요 영화들을 본 뒤 이제 막 웃고 싶어진 관객에게 〈청년경찰〉은 제격이었다.

〈청년경찰〉의 티켓 파워에 대한 그의 이야기를 더 들어보자.

"두 청년 배우의 맨 파워도 큰 힘을 발휘했다. 〈투캅스〉 시리즈 이후 오랜만에 보는 경찰 콤비 영화인데다 경쾌한 박서준과 어수룩한 강

두 청춘 배우들의 뛰어난 케미와 배급 타이밍이 좋았다고 평가받는 〈청년경찰〉.

하늘이 선보이는 〈덤 앤 더머〉식 육체 개그는 한바탕 소나기 웃음을 뽑아내기에 충분했다. 두 젊은 배우가 뿜어내는 청량감 넘치는 에너지는 영화의 다소 거친 매무새를 상쇄하고도 남았다. 강하늘이 영화 〈스물〉 〈동주〉 〈재심〉을 통해 차근히 쌓아온 신뢰감, 박서준이 영화 개봉 직전까지 드라마 〈쌈, 마이웨이〉를 통해 확보한 친밀감이 〈청년경찰〉의 티켓 파워로 이어졌음은 물론이다."

최근 인터뷰에서 김주환 감독은 영화의 흥행에 대해 이렇게 말했다.

"저희 영화를 사랑해주신 모든 관객들께 감사드리고, 더 좋은 영화로 보답하고 싶다. 이 영화의 흥행에 가장 큰 역할을 한 것은 두 청춘 배우의 뛰어난 케미와 정확한 배급 시기였다고 생각한다."

〈청년경찰〉의 흥행이 차기작 구상에는 어떤 영향을 미쳤을까? 김주환 감독은 이렇게 말한다.

"다음 작품에도 신선한 시도를 해야 관객에게 사랑받을 수 있다고 생각한다. 신선한 시도를 할 때 마주할 수밖에 없는 리스크를 피하는 게 아니라 현명하고 용기 있게 정면 돌파하는 것도 중요하다고 생각한다. 그러기 위해서는 좋은 파트너들과 많은 지혜를 모아야 할 것 같다. 다음 영화는 친구가 아닌 가족의 관계에 대해서 이야기하고 싶다."

시나리오가 잘 나왔다

/

〈광식이 동생 광태〉〈쎄시봉〉을 만든 김현석 감독과 나문희, 이제훈이 만난 〈아이 캔 스피크〉는 제작 당시부터 "시나리오가 끝내주게 나왔다"는 입소문이 충무로에 퍼져 영화계에 기대감을 안긴 작품이다. 하지만 톱 배우들의 멀티캐스팅과 제작비 150억 원 이상의 대작, 남자 톱스타들의 대결 또는 브로맨스 구조의 작품들이 흥행하는 게 최근 한국 영화의 경향이다. 그러다보니 흥행 측면에서는 큰 기대감 없이 지난 추석 연휴에 개봉했던 게 사실이다.

막상 뚜껑을 열어보니 코미디와 추리물의 외피를 쓰고 있던 〈아이 캔 스피크〉는 일제 강점기 위안부였던 할머니가 미국 하원 외교위원회 일본군 위안부 청문회에 직접 참석해 위안부 피해 사례를 증언한 이야기를 큰 맥락으로 했다. 김현석 감독은 개봉 당시 인터뷰에서 연출자로서의 어려움을 이야기했다.

"모든 국민에게 가슴 아픈 역사여서 상업 영화로 다루기 민감한 소재였다. 작품을 준비하면서 나눔의 집을 방문했고 자료 조사를 했다. 알면 알수록 책임감이 더욱 커지고 똑바로 잘 만들어야 한다는 부담감이 들었다."

일본으로부터 제대로 된 사과를 한 차례도 받지 못한 위안부 할머니들의 아픔과 국민적 슬픔을 달래면서도 다큐멘터리가 아닌 상업 영화로서의 재미도 지녀야 한다는 딜레마가 존재했을 것이다. 그런데 김현석 감독과 나문희, 이제훈 등 배우들은 재미와 의미를 동시에 잡는 어려운 일을 해냈다. 〈아이 캔 스피크〉는 최장기 추석 연휴를 맞아 〈킹스맨 : 골든 서클〉〈남한산성〉〈범죄도시〉 등 다양한 장르와 재미로 무장한 영화들을 경쟁상대로 맞아 327만 관객을 모으며 손익분기점을 훌

의미와 재미를 동시에 잡은 〈아이 캔 스피크〉.

쩍 뛰어넘는 흥행을 기록했다. 상업적인 흥행 성공도 훌륭하지만, 영화를 관람한 남녀노소 할 것 없는 다양한 관객들에게 한국 근현대사를 재조명하고 현실 속에서 개인의 역할의 중요성을 일깨웠다는 점에서 박수를 받을 만하다.

작품이 지닌 '진정성'에 대한 관객들의 사랑
/

〈아이 캔 스피크〉의 홍보 마케팅을 담당한 플레이스 김종애 대표는 영화 흥행에 대해 이렇게 말한다.

"마케터로서 개봉 이전 흥행 예측에 대한 부분은 섣불리 이야기하기가 쉽지 않다. 다만 손익분기점은 180만 명이었다. 영화의 개봉 시기가 추석 시즌이어서 감독이나 배우가 화려한 영화들이 같이 개봉했기에 경쟁에서 밀리지 않도록 최선을 다했다. 시사 이후 작품에 대한 반응이 워낙 좋아서 기대감도 있었다. 327만 관객은 매우 감사한 결과다."

김 대표가 말하는 영화의 흥행 이유는 더 있다. 어쩌면 영화 콘텐츠에서 가장 중요한 힘일지도 모르겠다.

"관객들이 작품이 지닌 진정성을 많이 사랑해주셨던 것 같다. 대한민국 국민이라면 누구나 알고 있는 소재이지만 너무 아픈 역사이기 때문에 더 깊이 알고 싶어 하지 않았던, 하지만 한번은 짚고 넘어가야 할 이야기를 남녀노소 누구나 부담 없이 받아들일 수 있도록 만든 영화의 힘이 통했던 것 같다. 감독님이 장기를 십분 발휘해서 상업적으로 통할 수 있는 의미 있는 영화를 만들었고 관객도 동참해주었다. 여기엔 당연히 배우들의 공이 큰데, 눈빛만으로 많은 걸 이야기하는 나문희 배우나 대중의 심정을 대변해주는 민재 역을 연기한 이제훈의 진심 어린 연기가 한몫했다고 본다. 그 외에 주변인물들을 연기해준 많은 배우들의 몰입도 높이는 자연스러운 연기가 작품에 대한 공감 능력을 배가시켰다고 생각한다."

영화의 '진정성'에 대한 문제는 마케팅 과정에서도 빼놓을 수 없다. 마케팅 계획을 세우는 과정에 대한 김 대표의 이야기다.

"영화가 지닌 진정성을 관객이 오해하지 않도록 하는 것이 목표였다. 일본군 '위안부' 피해자 할머니 소재를 대놓고 노출했다가는 위안부 소재를 상업적으로 이용한다는 오해를 살 수 있어 초반에 나옥분 할머니와 구청 직원 민재의 대립에서 오는 코미디를 내세웠다. 영화의 소재를 알고 본 관객이든 모르고 본 관객이든 초반 웃다가 후반 울리는 영화의 매력에 빠졌고, 입소문도 활발히 내주셨던 것이 흥행으로 이어진 것 같다."

〈아이 캔 스피크〉의 성공이 이후 영화계에 미칠 영향은 없을까? 김 대표의 이야기다.

"제작사측의 이야기를 들어보니 제작 과정이 쉽지만은 않았던 것 같다. '시나리오는 너무 좋은데 상업적으로 이용한다는 오해도 받을 수 있다'는 이유로 투자 과정이 순탄치 않았다고 한다. 하지만 우려했던 것과 달리 큰 사랑을 받았기에 앞으로 영화를 만들기 위한 소재를 고민하거나 고르는 데도 좀 더 유연해지지 않을까 하는 조심스러운 기대가 있다."

2018년에도 많은 제작사들이 다양한 라인업을 준비 중이다. 이 작품들 중에도 예상을 뛰어넘어 관객들을 웃기고 울릴 작품이 나올 것이다. 관객은 또 영화의 어떤 요소에 반응할지 기대된다.

새로운 플랫폼,
캐릭터와 스토리텔링으로 경쟁력을!

최근 한국 영화계는 몇 가지 주목할 만한 특징을 보인다. 먼저 관객 수의 정체다. CJ리서치의 조사 보고서를 보면, 2013년 한국의 영화 관객은 연간 2억 명을 넘었다. 하지만 이후 2017년까지 그 규모에서 정체기를 겪고 있다. 천만 관객 돌파 영화도 줄어든다. 보통 1년에 두 편정도 등장하던 천만 관객 영화는 2017년에는 〈택시운전사〉한 작품뿐이었다. 한편 제작비도 현상 유지되고 있다. 영화진흥위원회의 〈2016 한국영화산업결산〉 보고서를 보면 한국 영화의 평균 총 제작비는 24억 원인데, 지난 10년간 이 규모는 꾸준히 유지되고 있다. 다만 100억 원 이상 제작비가 투입된 영화는 계속 늘어나는 중이다.

여기에 뉴미디어 환경이 변화하면서 새로운 플랫폼이 대거 등장했다. 영화산업에 직접적인 영향을 주었다기보다는 대중들의 선택권이 늘어났다는 점에서 장기적으로 중요한 이슈가 될 수 있다. 올레TV, LG U+, 푹TV, 옥수수, 왓챠플레이, 그리고 넷플릭스 등의 유료 영상 플랫폼들은 대중의 미디어 사용 습관을 바꾸면서 문화 콘텐츠 산업 전반에 영향을 미치고 있다. 이런 현상들을 종합하면 현재 한국 영화의 특징을 압축해볼 수 있을 것이다.

영화의 생존 주기가 짧아지다

/

한국 영화계는 관객 300만 명 이상의 영화가 줄어들고 박스오피스 1위를 차지하는 영화의 점유 기간이 짧아지는 것을 위기의 징후로 이해하는 것 같다. 관객 수가 100만~200만 명에 머무는 것은 그 이상의 관객을 끌어들일 수 있는 작품이 없다는 뜻이고, 이것은 영화 기획이 기대에 미치지 못하는 것으로 볼 수도 있다.

흥행작의 전체 관객 수의 70퍼센트에 도달하는 데 걸리는 시간도 바뀌었다. 2013년에는 8.5일이었는데, 2017년은 6.8일이다. 흥행 속도가 빨라졌다고 볼 수도 있겠지만, 관객 감소율이 심화되고 있음을 의미한다. 다시 말해 영화의 생존 주기가 짧아졌다는 뜻으로, 영화의 생태계가 건강하지 못하다는 반증이기도 하다. 같은 맥락에서 박스오피스 1위를 단 1주만 기록한 작품도 늘었다. 2013년에 9편이던 것이 2017년에는 22편으로 크게 늘어났다. 여기에는 개봉작의 수가 많은데도 특정 작품이 독과점 형태로 스크린을 점유하는 사례가 늘어나 전체 개봉 시간의 불균형이 벌어진 탓도 있다.

　한편, 특정 장르에 집중된 경향도 문제다. 2017년 개봉작을 대상으로 보면, 흥행 상위 20편 중 11편(55퍼센트)이 범죄 액션물이고, 이에 대한 관객들의 피로도가 상승했으리라고 분석한다. 한국 영화의 주요 고객인 2030세대는 선호 영화에서도 차이를 보였는데, 20대 관객은 〈겟 아웃〉〈장산범〉〈23 아이덴티티〉 같은 공포, 스릴러물을 즐겨 본 반면 30~34세 관객은 〈로건〉〈킹스맨 : 골든 서클〉〈범죄도시〉 같은 액션, SF물을 많이 봤다. 이에 대해선 세대별 활용하는 미디어가 주요한 변수로 작용했다고 본다. 20대가 많이 본 영화는 모두 SNS에서 화제가 된 것으로, 충격적인 결말이나 반전을 가진 작품들이다. 30대는 SNS보다는 오랫동안 친숙한 영화 프로그램, 커뮤니티 등에서 접한 정보가 작동했을 것이다.

　한국 영화의 블록버스터가 늘어나는 현상은 수익률 때문이기도 하다. 100억 원 이상의 제작비를 투입한 작품들은 대부분 손익분기점을 넘겼는데, 평균 수익률도 3.3퍼센트로 전체 상업 영화의 평균 수익률이 8.8퍼센트란 점을 감안할 때 상당히 높은 수치다. 덕분에 투자사와 제작사는 블록버스터에 더 집중하게 되고, 이것은 장기적으로 한국 영화의 생태계를 위협하는 요소가 될 여지도 있는 것이다. 이런 구조에서 블록버스터는 실패 확률을 줄이기 위해 이미 입증된 성공의 공식을 반영하게 되고, 이것은 영화의 개성이나 호감도에서 매력이 떨어지는 요인이 될 수 있다. 규모의 경제를 기반으로 작동하는 산업 효과가 실제 관객의 외면을 받으면서 시장의 순환 구조 자체에 제동을 걸 수도 있다는 이야기다.

다양한 방식으로 영화를 즐기다

/

하지만 이런 징후가 과연 한국 영화의 위기일까? 보고서들이 언급하는 것은 주로 영화의 수익성이 나빠지고 있다는 이야기다. 그러나 조금 더 생각해보면 그것은 영화의 위기가 아니라 극장의 위기라고 할 수 있다. 사람들은 영화를 안 보는 게 아니라 극장에 잘 가지 않는다.

이런 결과를 극장의 위기라고 보면 이야기는 조금 달라진다. 관객 수가 줄어들었다는 것은 극장 수익이 줄었다는 말이지만, VODVideo On Demand나 OTTOver The Top 서비스가 크게 성장하고 있음을 생각해보면 관객은 오히려 다양한 방식으로 영화와 영상 콘텐츠를 즐기고 있다. 이들은 플랫폼에 '극장 동시 개봉작'을 서비스하고 있는데, 가격에서도 극장에 가는 것과 큰 차이가 없다. 게다가 '기다리면 할인되는 방식'은 화제작이 아닌 작품에 대해선 선택 경쟁에서 밀리게 된다. 여기에 토렌트 등 불법 영화 공유로 인한 손실도 포함되겠지만, 중요한 것은 관객의 영화 소비 행태가 달라졌다는 데 있다.

게다가 이런 현상은 한국에서만 벌어지는 게 아니다. 미국에서는 2007년 이후 극장 관객 수가 14퍼센트나 감소해 1인당 영화를 보는 횟수가 1년에 4회 미만에 그쳤다. 당장의 수익에 큰 문제를 야기하지 않더라도 장기적으로는 대안을 마련하지 않으면 극장이 존재해야 할 이유를 스스로 찾아야 할 것이다. 극장의 주요 수입은 공간 특성상 티켓 가격보다는 간식 등의 부수적인 수익도 큰데, 이런 구조가 흔들리면서 극장은 오히려 영화의 위기를 강조하면서 관객을 극장으로 되돌리려 한다.

이런 맥락에서 영화의 구조를 살펴볼 필요가 있다. 영화의 구조는 감성적인 영역이 아니라 이성적인 영역이고, 따라서 설계와 디자인이 중요하다고 생각하기 때문이다.

캐릭터 중심의 스토리텔링이 한국 영화의 기반

/

최근 한국 영화의 가장 큰 특징은 규모가 커지면서 볼거리가 늘었다는 점이다. 볼거리가 많아야 입소문이 나고, 그것이 개봉 기간 동안 새로운 관객을 유입할 수 있는데 구조적으로도 이런 요소는 영화 개봉 후에 VOD, OTT 서비스로 이동해서도 영향력을 갖는다. 이야깃 거리를 많이 넣을수록 꾸준한 수익 효과를 기대할 수 있는 것이다. 최근의 한국 영화가 장르적으로 범죄 액션이나 스릴러에 집중된 것은 이런 맥락으로 이해할 수 있다.

범죄 액션과 스릴러 영화에는 몇 가지 요소가 필수적이다. 먼저 스펙터클한 화면이다. 화려한 액션이 등장하거나 고급 스포츠카, 폭발 장면 등은 관객에게 충격을 주고, 그 장면에 대해서 지속적으로 언급 하면서 기대 효과를 만든다. 스타일리시한 화면, 즉 색감과 미장센에 비용을 많이 쓰는 경향도 마찬가지다. 또 하나는 스토리텔링이다. 최근 몇 년 동안 국내외를 비롯해 반전이 있는 영화가 큰 인기를 끌었다는 걸 상기하면, 거의 모든 흥행 영화가 반전을 기반으로 설계되었음을 이해할 수 있다. 2017년 흥행작인 〈겟 아웃〉〈장산범〉〈킹스맨 : 골든 서클〉〈23 아이덴티티〉〈로건〉〈범죄도시〉 등은 모두 이 경향에 부합한다.

여기서 스토리텔링에 대해 좀 더 들여다보자. 스토리텔링의 핵심은 사건에 있다. 계속되는 사건들 속에서 주인공과 주변 인물은 변화하고, 그 변화의 폭이 현실감이 있을수록 관객의 공감을 얻는다. 이때 스토리텔링의 본질은 캐릭터라고 할 수 있다. 등장인물들의 내면이 얼마나 현실적으로 드러나는지가 스토리를 풍부하고 입체적으로 만든다. 이런 관점에서 한국 영화의 가장 큰 특징은 캐릭터 구축이라고 할 수 있다. 〈리얼〉의 경우는 이런 부분이 부족하다는 점 때문에 비판을 받았고, 기대작이었던 〈군함도〉의 부진도 이런 맥락에서 볼 수 있다. 물론 영화 밖의 이슈들이 〈군함도〉를 가득 둘러쌌던 게 사실이지만, 그 본질은 캐릭터 구축의 실패에 있다고 본다. 반면 화제를 모은 〈택시운전사〉〈아이 캔 스피크〉〈보안관〉〈남한산성〉 등은 모두 캐릭터에서 호평을 받은 작품들이다.

이렇게 캐릭터 중심의 스토리텔링이 한국 영화의 기반이라고 할 때, 블록버스터의 성공 공식은 이런 개성과 시도를 방해하는 요소로도 작동한다. 철저하게 기획된 상품으로서의 블록버스터가 점차 관객의 외면을 받는 현상은 장르의 문제라기보다는 영화라는 복합적인 스토리텔링 콘텐츠에 대한 관객의 눈높이가 높아졌기 때문으로 볼 수 있다.

캐릭터가 중심에 오면 지역적, 언어적 한계를 극복하기 쉽다

/

이런 맥락에서 2018년 한국 영화는 어떤 경향을 보일까. 개봉 예정작들 중 눈에 띄는 것은 확장되는 장르물이 등장하는 것과 시리 즈 블록버스터의 가능성이다. 2018년 개봉 예정작들 중 가장 기대를 받는 작품들로는 남북한의 정예 요원들이 판문점 지하 벙커에서 대결 하는 〈PMC〉, 이병헌이 출연하는 드라마 〈그것만이 내 세상〉, 연상호 감독의 초능력을 다룬 SF 〈염력〉, 봉준호 감독의 〈기생충〉, 윤종빈 감독의 1990년대 남북한 첩보전을 다룬 〈공작〉, 처음부터 시리즈로 기획 된 〈신과 함께 2〉 등이 있다.

이 작품들은 장르는 모두 다르지만 캐릭터 중심의 스토리라는 점에 서는 동일하다. 특히 인물 연출에 일가견이 있는 감독이나 배우가 관 련되며 그 이야기의 흡입력을 기대하게 된다. 작품들을 제작비나 출연 진이 아닌 스토리 중심으로 볼 때면 다른 가능성을 상상할 수 있다. 상 황이나 배경이 아니라, 캐릭터가 중심에 오면 지역적, 언어적 한계를 극복하기가 쉬워진다. 희로애락과 같은 보편적인 정서를 다루기 때문 에 해외 시장에 진출할 때 강점이 된다. 특히 미디어 환경이 극장이 아 닌 영상 플랫폼으로 확장되고 넷플릭스와 같은 글로벌 플랫폼이 시장 지배력을 확보해나가는 현재, 이런 작품들은 한국 밖에서도, 극장 밖에서도 경쟁력을 갖게 된다.

이런 배경에서 지난해 〈밀정〉과 〈옥자〉 등이 넷플릭스나 워너브러더스 같은 글로벌 제작사들로부터 직접 투자를 받고, 2018년에도 이런 경향이 이어지리라는 점은 한국 영화의 생태계에 어떤 영향을 줄 것인지 단언하기 어렵게 한다. 분명한 것은 이런 해외 자본의 유입이 국내의 열악한 시스템의 개선으로 이어지길 바라는 사람들이 많으리라는 점이다. 한국 영화는 언어적, 산업적 한계에도 불구하고 세계적으로 고평가되는 결과를 만들어왔다. 그런 상황에서 미디어 환경이 급변하고, 대중들의 영화 소비 패턴이 바뀌는 상황이 영화 자체의 질적 성장에 도움이 되리라는 것은 분명하다.

결론적으로 말해 지금 한국의 영화산업(다른 산업과 마찬가지로)은 일종의 모멘텀을 지나는 중이다. 여기에는 영화의 질적 변화뿐 아니라 미디어 산업 전반의 환경 변화와 시장 자본의 구조 변화도 영향을 미치고 있다. 이는 한국만이 아닌 전 세계적인 현상이라는 게 중요하다. 넷플릭스와 아마존이 오리지널 영화를 제작하고, 극장이 아닌 넷플릭스에서 전 세계 동시 개봉하는 영화도 등장했으며, 디즈니가 폭스를 인수하면서 마블 유니버스의 라인업에 변화가 생길 게 자명해지는 등, 이 모든 사소하면서도 중요한 변화들이 동시에 벌어지는 것이다. 그 변화를 제대로 이해하려면 우리는 눈과 귀를 활짝 열어야 할 것이다. 상상하기 어려웠던 일들이 실제로 벌어지는 지금, 이 시대가 우리에게 요구하는 것은 다른 관점과 상상력 바로 그 자체다.

▲▽▲▽▲▽▲▽▲▽

작품 선택의 첫 번째 기준은
어떤 메시지를 담고 있느냐다

▲▽▲▽▲▽▲▽▲▽

영화 〈박열〉 〈아이 캔 스피크〉의 배우

이제훈

2007년 영화 〈밤은 그들만의 시간〉으로 데뷔해 2011년 〈파수꾼〉으로 대중에게 얼굴을 알린 이제훈. 이후 수많은 작품을 선보였지만 배우 이제훈에게 2017년은 조금 더 특별한 해로 기억에 남을 듯하다.

지난여름 단독 주연에 가까웠던 이준익 감독 연출작 〈박열〉로 예상치 못한 흥행을 달성하며, 역사 속 숨겨진 인물이었던 항일운동가 박열을 대중에게 새롭게 인지시켰다. 10월 개봉한 영화 〈아이 캔 스피크〉(감독 김현석)에서는 앙숙처럼 지내던 민원인 할머니의 가슴 아픈 사연을 접하고, 위안부 피해 할머니들의 미국 청문회 증언을 돕는 깐깐한 신세대 공무원 역을 맡아 관객을 울고 웃게 했다.

한 편은 일제 강점기 시절을 다룬 시대극이고 또 한 편은 현대극이지만, 두 작품 모두 관객과 평단의 호평을 받았다. 인정받는 중견 감독들이 그동안 쌓은 노련한 연출력의 정수를 뽑아낸 것이 공통점이다. 또한 상투적이지 않은 신선한 캐릭터와 스토리 전개로 일제 강점기 시절의 청년 독립운동가를 새로운 시각으로 포착하고 위안부 피해자들의 끝나지 않은 싸움을 조명했다는 평이다. 두 이야기에 관객들이 무장해제된 채 다가가게 된 중심에는 이제훈이 있다.

두 영화 모두 천만 영화급 제작비가 투입된 대작 영화는 아니었지만 그 이상의 의미와 재미를 안겼다. 이들 영화의 성공 이후 배우 이제훈을 향한 충무로의 러브콜이 이어지고 있다.

인터뷰 자리에서 만난 자연인 이제훈은 영화를 향한 열망이 가득한 순수한 청년 같지만, 화면 속 그는 정반대다. 〈고지전〉에서는 전쟁으로 인해 광기를 지닌 모습을 언뜻언뜻 드러냈다. 그러나 이준익이라는 미다스의 손을 지닌 연출자를 만나니 〈박열〉에서는 꽤 여러 차례 관객을 들었다 놨다 한다. 그 순해 보이던 눈빛은 식민지 조국에 대한 억울함과 분노로 번뜩였다가 조선인들의 억울한 죽음을 일본 언론과 조선 언론에 알리려는 법정 투쟁에서는 차가운 이성과 전략을 구상하는 치밀함으로 변모한다. 또한 엄중한 법정 투쟁에서도 해학을 잃지 않는 박열을 통해 시대를 관통하는 아름다운 청년의 모습을 표현했다.

〈아이 캔 스피크〉 속 박민재는 머리 회전이 빠르고 적당히 개인주의자인 9급 공무원이다. 그런 그가 구청 블랙리스트 1호 인물인 나옥분 할머니(나문희)의 민원 처리 때문에 골머리를 앓는다. 그러다 우연

한 기회로 그녀의 영어 과외 선생님을 수락하게 되고 숨겨진 과거 때문에 큰 사건의 소용돌이에 휘말리게 된 나옥분 할머니를 돕게 된다. 할머니는 위안부 시절에 대해 증언을 하려고 하지만 청문회장의 일본계 의원들은 어떻게 해서든 저지하려고 한다. 연민 하나로 나옥분 할머니를 돕기 시작했던 민재는 미국의 청문회장으로 직접 찾아가 자신이 처음으로 가르쳤던 "하우 아 유?How are you?"라는 인사를 건넴으로써, 그녀의 위대한 증언의 완성을 이끌었다.

이제훈은 두 편의 영화를 촬영한 소감에 대해 이렇게 말했다.

"작품을 고를 때 어떤 메시지를 전달하고 싶은가를 먼저 생각하게 된다. 이전까지는 연기만 잘하면 된다고 생각했는데, 〈박열〉 이후 내가 전달하는 이야기에 책임질 부분에 대해서도 생각하게 됐다. 〈아이 캔 스피크〉 출연을 결정하는 데 〈박열〉이 큰 영향을 미쳤다. 〈아이 캔 스피크〉로 해결되지 못한 우리의 아픈 역사를 되돌아보고 싶었다."

▲ 〈박열〉을 선택한 이유가 궁금하다.

이준익 감독님이 불러주셨다는 게 무엇보다 좋았다. 시나리오를 읽어보니 재미나 스펙터클을 추구하는 영화가 아니고 일제 식민지 치하에서 고민하던 젊은이들을 진지하게 다룬다는 게 좋았다. 물론 일본어 연기는 많은 걱정과 부담이긴 했다.

▲ 왜 이준익 감독인가.

〈왕의 남자〉〈사도〉〈동주〉를 감명 깊게 봤다. 배우 박정민과 〈파수꾼〉을 같이 해서 친분이 있는데, 그가 출연한 〈동주〉를 보니 그 배우가 가진 힘을 제대로 보여주더라. 너무 좋았고 이준익 감독님께 감사하는 마음이 들었다. 이 감독님과 함께 작품을 한 사람들은 감독님의 영화 현장을 너무 좋아한다. 그 현장을 왜 그렇게 좋아하나 궁금했는데 이번에 여실히 느꼈다. 감독님과 함께 있으면 즐겁다. 늘 소년처럼 해맑고 들뜨게 된다.

▲ 이준익 감독이 말한 캐스팅 이유가 뭔가.

내가 데뷔하고 초창기에 찍은 〈파수꾼〉과 전쟁영화 〈고지전〉에서 보인 광기 있고 뜨거운 모습이 좋았다고 했다. 박열이라는 인물을 통해 다시 한 번 표현할 수 있겠다 보시고 찾아주신 것 같다.

▲ 이준익 감독이 "이제훈이 곧 박열이다. 다른 배우는 생각도 할 수 없다. 너무 잘했다"고 칭찬했다는 이야기를 들었다.

현장에서 칭찬해주시면 몸 둘 바를 모르겠다. 정말 매 순간 노심초사했고 작품에 누가 되지 않기 위해 최선을 다했다. 실존 인물을 연기하는 부담감이 상당했다. 촬영할 때마다 이 감독님이 "컷, 오케이"를 시원하게 외쳐주신 게 큰 힘이 됐다. 그걸 들을 때 짜릿함을 여러 번 느꼈다.

▲ 〈박열〉 포스터를 보고 '내가 알던 이제훈이 맞나' 하고 놀랐다.

초반에는 그 인물을 그대로 입히는 작업을 하면서 이 사람이 나와

닮았나, 싱크로율을 맞출 수 있을까 고민했다. 헤어, 메이크업을 하고 수염까지 붙이고 나서도 괜찮을까 의문이 들었다. 그런데 현장에 있던 사람들이 테스트 촬영 때 나를 못 알아보더라. 심지어 감독님마저 나를 못 알아봤으니까.(웃음)

▲ 박열이라는 인물을 표현하는 데 중점을 둔 부분은.

사실 매일 촬영장 갈 때마다 버겁고 힘들었다. 매 테이크마다 어느 때보다 집중하고 신중했다. 모든 신에 진중한 상태로 촬영한다는 게 엄청나게 괴롭기도 했다. 그 부분은 감독님을 통해 해소한 부분이 많다. 이준익 감독님은 직접적인 디렉션은 하지 않으신다. 배우가 얼마나 준비했고 노력했는지 옆에서 지켜보고 북돋아주시는 편이다. "걱정하지 마, 네가 하고 싶은 대로 다 해봐, 마음껏 놀아봐"라는 게 감독님 기조다.

▲ 박열은 지금 이 시대에 살았다고 해도 어디로 튈지 모르는 인물인데.

마치 용광로처럼 끓어오르는 인물이다. 그래서 발산하고 내지르는 연기를 어떻게 해야 할지 처음엔 조심스러웠다. 일본 내각의 지목을 받아 감옥에 순순히 끌려가고 법정 투쟁을 벌이기까지 그의 의도, 신념과 메시지가 있었을 거다. 나는 박열의 그런 태도나 생각을 왜곡되거나 미화되지 않게 잘 전달해야 했다. 한 테이크마다 이와 관련된 이야기를 하면서 미칠 영향에 대해 고민했다. 많이 신경을 썼다. 내가 연기한 부분을 3자 입장에서 다시 되돌아보는 방식으로 연기해나갔다.

▲ 아나키스트(무정부주의자)인 박열을 표현하는 것이 쉽지 않았을 텐데.

영화적으로 그의 삶의 한 부분을 뽑아내 보여줘야 했기에 그가 하고자 하는 이야기가 무엇인지 복기해야 했다. 극 중 이석(권율)이 찾아와서 박열에게 "허황된 이상주의자라는 소문이 가득하다"라고 말하는 장면이 있다. 그때 박열은 "지켜봐달라, 조선에서 재판이 화제가 되게 해달라"라고 말하는데, 박열의 내면을 보일 수 있는 장면이라 생각했다. 다테마쓰 예심 판사와 대화를 나눌 때 보통의 혁명가라면 진중함과 비장함을 통해 상대와 맞설 텐데 해학과 조롱으로 일본인들을 맞받아치지 않나. 당시 일본 사회에서도 서구 문물을 받아들이면서 무조건 박열을 사형시키려고 하지는 않았다. 재판을 통해 교화시키겠다는 입장을 오히려 박열이 거꾸로 이용한다.

▲ 일제 강점기가 배경이고 대부분 법정이나 감옥 신이다. 액션이나 감정 기복이 큰 연기에 대한 갈증은 없었나.

처음에는 스펙터클한 재미에 대한 의문도 들었다. 하지만 그것을 넘어서는 이 영화의 가치에 중점을 두었다. 이 영화를 보고 나서 단지 '즐겁다' '재미있다'가 아닌 우리가 어떻게 살아왔는지 돌아보고 대한민국 국민의 한 사람으로서 앞으로 어떻게 살아가야 하는지 고민해보았으면 좋겠다. 영화를 찍으면서 그동안 우리나라의 독립을 위해 노력한 분들에 대해 잊고 살지 않았나 하는 부끄러움이 들었다. 우리나라에 대해 자긍심을 갖고자 하는 어린 친구들에게 이 영화를 보여주고 싶다.

이 영화를 보고 나서 단지 '즐겁다' '재미있다'가 아닌
우리가 어떻게 살아왔는지 돌아보고
대한민국 국민의 한 사람으로서
앞으로 어떻게 살아가야 하는지 고민해보았으면 좋겠다

▲ 엔딩에서 일본어로 최후 진술을 하는 장면을 보면 정말 이 영화에 모든 걸 던졌다는 걸 느낄 수 있다. 일본어 대사도 자연스럽게 들리더라.

그걸 정말 알아보셨나?(웃음) 일본어 연습 시간이 무엇보다 짧았다. 히라가나, 가타카나도 전혀 모르던 상태였다. 3~4분 정도 혼자 일본어로 말해야 하는 법정 장면을 원 신 원 컷으로 자르지 않고 한번에 다 찍었다. 보통 찍고 나면 대사를 다 잊어버리는데 〈박열〉 엔딩 신의 일본어 대사는 스위치를 누르면 바로 나온다(이날도 요청을 하자 곧바로 시연을 했다). 크랭크인이 2주 남은 상황에서 일본어 대사 연습을 시작할 수 있었다. 다행히 우리 영화는 장면 순서대로 촬영했고 재판장 장면을 마지막 날 찍었다. 그래서 촬영 두 달 내내 아침부터 밤까지 그 대사를 외우고 연습했다. 마지막 촬영이 다가올수록 압박감이 대단했다. 꿈도 여러 번 꿨는데 꿈에서 대사를 한마디도 못해서 꿈에서 깨자마자 울어버린 적도 있다. 막상 '심판의 날'이 됐을 때는 연습한 대로 잘 표현할 수 있었다.

▲ 박열 역을 맡아 잘생긴 외모를 오히려 감추는 분장을 했다.

박열이 워낙 지저분한 외모이고 의상도 몇 벌 갈아입지 않으니 편했을 거라 생각하시는데 수염 분장이 쉽지 않았다. 수염을 붙인 게 아니고 한 올씩 심었다. 그 수염을 유지하는 게 쉽지 않아서 먹고 씹는 걸 최대한 자제했다. 그걸 빼곤 현장에서 이렇게 방치된 적은 없었던 것 같다. 매번 분장팀에게 "덜 더러운 것 같다"는 소리도 들었다.(웃음)

▲ 〈파수꾼〉에서 소년의 모습에 가까웠다면 이제 캐릭터에 남성성이 강해지고 있다.

성숙해진다고 해야 할까. 그동안 내 나이보다 어리게 봐주시기도 하고 그런 캐릭터들을 많이 했다. '너무 어려 보이는 역할만 하는 것 아니냐, 남성성이 적은 역할 아니냐'는 소리도 들었지만 내 꿈이 80세가 돼서도 연기하는 거다. 배우 생활을 길게 놓고 볼 때 젊고 패기 있는 캐릭터를 더 해도 될 것 같다.

▲ 잡지 화보에서 윙크도 하고 관객과의 대화에서 하트도 날리던데……. 예전보다 팬들에게 가까이 다가가는 느낌이다.

팬들이 '잔망스럽다'고 표현하더라. 화보나 홍보 활동에서 연기에서와는 다른 모습을 보여주려고 한다. 귀엽고 사랑스럽게 봐주셨으면 좋겠다. 요즘은 선배님들도 하트를 날리고 그러시더라. 전에 조진웅 형이 그러는 걸 보고 '나도 그래도 괜찮겠지'라는 생각이 들었다.(웃음) 평소 너무 진지하다는 소리를 많이 듣는데, 내가 또 여유 있고 유연한 사람이다.

▲ 박열과 후미코의 사랑은 동지애에서 발전한 형태로 보인다.

후미코가 처음 본 박열에게 '당신의 시를 읽었고 당신의 사상에 동질감을 느낀다. 함께 살자'고 제안하지 않나. 박열 입장에서 그 제안이 강렬하지 않았을까. 실제 동거를 하게 됐고 후미코가 가진 당당하고 주체적인 모습에 박열이 반했을 것 같다. 남녀간의 화학작용으로 인한

만남이 아닌 둘이 가진 정신과 생각으로 동질감을 느끼고 동지로서 동거하게 되는데 나 또한 크게 마음에 들었다.

▲ 여성관이나 사랑에 대한 관점도 궁금하다.

내가 어떤 사람을 만나서 어떤 삶을 살아가게 될지 모르지만 남녀 사이에도 사랑과 다른 의리와 신의가 있어야 한다고 생각한다. 그런 모습이 박열과 후미코에 담긴 것 같다. 두 사람의 사랑이 박열이라는 인물이 제국주의 심장 도쿄에서 일제와 맞서는 데 큰 밑거름이 되지 않았나.

▲ 이상형도 궁금하다.

외적인 아름다움에 호기심이 간다. 그런데 외모적인 부분이 오래가지는 않더라. 긍정적으로 삶을 바라보고, 앞으로 어떻게 살아갈지 함께 이야기를 나눌 수 있는 사람을 좋아한다. 그런 사람과는 이야기도 잘 통하고 급속도로 가까워진다. 또 예술이나 문화 분야에서 공감대가 같은 사람을 좋아하는 것 같다.

▲ 가장 최근 연애를 한 건 언제인가.

마지막 연애를 한 지 꽤 오래됐다. 정식으로는 오래됐다. 작품 중간 중간에 사람을 사귀고 싶지만 정말 시간이 없다.

▲ 〈박열〉에서는 대사 대부분이 일본어였다면 〈아이 캔 스피크〉에서는 뛰어난

영어 실력을 보여줘야 했다.

전작에서는 전혀 모르는 일본어를 배워야 하는 고충이 있었지만 영어는 평상시 가볍게 표현하니까 익숙하지 않을까 생각했다. 그런데 민재는 원어민과 자유롭게 소통하고 할머니를 가르치는 선생 같은 입장이다. 영어 대사를 있어 보이게 하려고 준비를 많이 했다. 내 나름으로는 관객들이 영화를 볼 때 '이제훈이 제법 자연스럽게 소통하고 있네' 하고 느끼기를 바랐다.

▲ 〈아이 캔 스피크〉 청문회 장면에서 "하우 아 유" 하며 외치는 장면에서는 도저히 눈물을 참을 수가 없었다.

나 또한 그 장면에서 온몸에 전율을 느꼈다. 민재에게 가장 중요한 대사이기도 했다. 너무 짜릿해서 나도 모르게 소리를 지를 뻔했다. 내가 워싱턴까지 촬영하러 간 이유는 오로지 그 대사 한마디를 위해서였다. 그 장면이 인상적인 게 청문회 신은 감정이 북받치지만 일본측 대표들한테 맞받아칠 때는 속이 시원하잖나. 이후에는 또 다른 반전이 이어지며 큰 감동을 준다. 나도 영화를 보면서 정신을 못 차렸다. 예상치 못한 포인트에서 계속 감정을 뒤흔드는 것이 이 영화의 매력이고 김현석 감독님 연출의 장점인 것 같다.

▲ 촬영을 안 할 땐 시간을 어떻게 보내나.

극장에 가서 영화를 보는 순간이 가장 행복하다. 그 순간은 아무리 지치고 힘들더라도 기운이 난다. '저런 역할도 하고 싶다'고 느끼며 저절로 충전이 된다. 또 구경하고 돌아다니는 것도 좋아한다. 그러면서 생각도 많이 하게 된다. 새로운 사람을 만나서 이야기하는 것도 즐겁다.

▲ 이제훈에게 연기란 어떤 의미인가.

열정을 발산하는 창구이기도 하고 또 연기를 하는 걸로 인해 부와 명예도 누리게 된다. 하지만 무엇보다 영화 자체가 좋다. 지금도 하고 있지만 영화를 만드는 것이 내 꿈이다. 어떤 영화든 의미가 있다면 참여하고 싶다. 내 삶에서 영화를 빼놓고 이야기할 수는 없다.

▲ 조성희 감독은 '선과 악이 공존하는 사람'이라고 했고, 이준익 감독은 '차가움과 뜨거움을 함께 가진 사람'이라고 했다. 스스로를 평가한다면?

일할 때 극도로 예민하다. 촬영할 때 '이 순간은 돌이킬 수 없다'고 생각하는 편이다. 연기에 있어서 '마음에 안 들면 다음에 하면 되지'라는 논리는 성립하지 않는다. '지금 이 순간이 끝이다'라고 생각한다. 그래서 최선을 다하고 싶고 내 안의 모든 것을 다 끌어내고 싶은 욕심이 있다. 그러다보니 예민해질 때도 많다. 반면 촬영이 없으면 무미건조하다. 바보 같기도 하고. 주위에서 아무리 자극해도 동요하지 않는다. 모든 걸 촬영에 다 쏟아붓다보니 평소엔 텅 빈 느낌이 있다.

▲ 〈무한도전〉의 '무한상사' 출연 당시 지드래곤에게 팬심을 드러내는 부분이 인상적이었다. 가식 없는 모습이 그대로 드러났다.

그때 지드래곤 씨에게 "팬이에요"라고 말했다가 채신머리없다는 소리도 들었다.(웃음) 배우가 뮤지션을 만나는 기회가 흔치 않다. 이번에 래퍼 비와이가 〈박열〉 헌정 음원을 제작하기로 해서 이준익 감독님이 뮤직비디오도 연출을 했다. 이 감독님과 비와이의 콜라보 소식을 듣고 "말도 안 돼!"라고 소리치며 좋아했다. 뮤직비디오 현장을 방문했는데 너무 좋았다.

▲ 이제훈의 배우 인생을 10단계라고 할 때 지금 어느 단계라고 생각하나.

100세 시대니까 지금 3단계 정도 온 게 아닐까. 100세까지 필모그래피를 남길 거다. 연기 외에도 연출, 제작에도 관심은 있다. 아직 그럴 그릇이나 소양이 갖춰지지 않았기에 더 공부하고 배워나가야 한다. 지금은 배우로서 연기를 잘하기 위해 작품의 방향성 혹은 시나리오가 만들어지는 과정에서 내 의견을 피력할 부분이 있으면 적극적으로 내비치고 싶은 마음이다. 배우로서 성장해가는 과정에서 책임감을 막중하게 느낀다. 그러다보니 작품 선택에 있어 더 신중해진다.

▲ 〈박열〉이 이제훈의 배우 인생에 큰 터닝 포인트가 될 것 같다.

박열은 지금껏 내가 만나보지 못한 캐릭터였다. 이런 인물을 또 만날 수 있을까. 작품을 하면서 박열을 몰랐던 내 자신이 부끄러웠고 대한민국이 일제의 압제에서 벗어나 민주주의 국가로 발전하는 데 노력한 위대한 분들이 많은데 그동안 너무 당연하게 생각하고 살지 않았나 하는 생각이 들었다. 우리 영화가 관객들에게 '어떻게 살아야 하나'에 대한 길을 조금이라도 보여줄 수 있었으면 좋겠다. 또 해결되지 못한 숙제들에 관심 가지고 목소리 내는 것이 그분들에 대한 예의라고 생각한다.

▲ 최근 가장 해보고 싶은 역할이 있다면.

내가 파릇파릇하고 혈기왕성한 이미지가 있지 않나. 이런 젊은 에너지를 뿜어낼 수 있는 액션이 하고 싶다. 〈본〉 시리즈처럼 몸을 쓰는 액션 연기도 재미있을 것 같고 특히 권투영화에 관심이 있다. 우리나라엔 권투영화가 많지 않지만 할리우드 작품 중에 파이터 같은 역할도 재미있을 것 같다. 상체를 드러내고 맨몸으로 부딪히는 액션 연기에 도전해서 젊은 시절의 내 모습을 남기고 싶다.

▲▼▲▼▲▼▲▼▲▼

예술가로서
무엇을 말할 것인가

▲▼▲▼▲▼▲▼▲▼

세기의 트렌드라고 해도 모자라지 않을

국민배우 송강호

한국 영화계에서 '송강호'라는 이름 석 자가 주는 존재감은 한마디로 정의할 수 없을 정도로 절대적이다.

영화 〈괴물〉(2006)과 〈변호인〉(2013)에 이어 2017년 여름에 개봉한 〈택시운전사〉가 전국 1,218만 명의 누적 관객을 모으며, 배우 송강호는 무려 세 편의 천만 영화를 흥행시킨 주인공이 됐다. 국가별로 단 한 편만 출품되는 미국 아카데미 시상식 외국어 영화상 후보에 한국 대표작으로도 역시 그의 출연작인 〈밀양〉(2008), 〈사도〉(2014)에 이어 〈택시운전사〉가 출품되었다. 이뿐인가. 1989년에 데뷔한 28년차 배우인 그가 출연한 영화를 본 국내 관객수가 누적 1억 1,000만 명에 달한다. 오랜 시간 충무로 1순위 캐스팅 배우로 꼽혀왔으며, 투자배급사가 사랑하는 배우 1위이기도 하다.

하지만 현재 송강호를 가장 잘 표현해줄 수 있는 말이 있다면 "송강호의 라이벌은 오직 그 자신뿐"이라는 한 감독의 정의일 것이다. 그런 그를 어느 특정한 한 해의 트렌드라고 말하는 것도 합당하지 않아보인다. 세기의 트렌드라고 명명해도 모자라지 않을 배우 송강호의 이야기를 들어보자.

〈택시운전사〉의 천만 돌파에 대한 감회가 남달랐을 것이다.

"다른 영화로 (흥행 감사) 인사를 드릴 땐 '성원을 보내주셔서 대단히 감사하다'라고 말씀을 드렸다. 〈택시운전사〉는 그런 말보다 '영화를 따뜻하게 안아주셔서 감사하다'라는 말씀을 꼭 드리고 싶다. 영화에서 그리는 아픔과 상처를 여러분의 따뜻한 마음과 손길로 어루만져주시고 안아주셔서 많은 분들이 함께할 수 있었던 것 같다. 그래서 더 뭉클하고 감동적이다. 진심으로 감사드린다."

〈변호인〉 이후 지난 정권에서 작성된 블랙리스트에 올라 한동안 신문 사회면을 장식하기도 했다. 하지만 송강호가 평소 정치적 소신이나 사회적 발언으로 목소리를 높이는 유형의 사람이 아니란 건 주변 사람들뿐만 아니라 팬들도 잘 알고 있는 사실이다. 블랙리스트 사건 이후 그에게 정파성을 덧씌우려는 목소리가 존재하지만, 그가 작품을 고를 때 고려하는 조건은 단 하나다. 그가 연기에 발을 들여놓은 1989년 당시부터 고민했던 것은 바로 '예술가로서 무엇을 말할 것인가'다.

송강호는 여러 차례 〈택시운전사〉 출연을 결심하게 된 배경에 대

해 이렇게 말해왔다. "80년 광주를 향한 마음의 빚을 조금이라도 갚고 싶었다." 지금 우리가 〈택시운전사〉와 송강호에 대해 이야기하지 않을 수 없는 이유다.

▲ 〈택시운전사〉의 캐스팅 제의를 받았을 때 어떤 심정이었나?

〈변호인〉도 그렇고 이 작품도 정치적 부담은 아니고 마음의 부담이 있었다. 이 작품으로 "부끄럽지 않게 진심을 전할 수 있을까" 하는 마음 말이다. 이전 정권 아래에서 '정치 보복이 있지 않을까' 하는 마음이 전혀 없었던 것은 아니지만 결심이 바뀌지는 않았다. 처음엔 고민이 많이 됐지만 점점 어떤 열망 같은 것이 커졌다. 이 이야기를 많은 분들에게 전달하고 싶었고 그래서 선택하게 됐다.

▲ 아무도 예상치 못한 시점에 정권이 교체됐다. 촬영장 분위기는 어땠나.

어떻게 보면 정권이 바뀐 것도 국가적 비극이고 안타까운 일 아닌가. 투자사나 제작사가 〈택시운전사〉를 택했을 때 어떤 우려는 있었을 거다. 하지만 창작자가 가진 철학을 무너뜨리기에는 이 이야기를 영화화하는 것에 대한 열망이 컸다. 〈택시운전사〉에서도 광주 시민들뿐만 아니라 내가 연기한 만섭의 마음, 인간이 가장 기본적 도리를 지키며 살아야 한다는 마음이 모여 지금의 이런 세상도 온 게 아닌가. 우리 영화는 '80년 광주에서 그런 일이 있었다'라는 고발의 개념보다 현대사에서 지울 수 없는 아픔을 우리 국민들이 어떻게 성숙하게 극복해왔나에 초점을 맞췄다. 같은 소재를 그린 훌륭한 다른 작품들이 많지만 〈택시운전사〉의 특징이 있다면 기억을 넘어 희망을 이야기하자는 점일 것이다.

▲ 송강호 본인에게는 〈택시운전사〉가 어떤 의미인가.

내게는 굉장히 영광스럽다. 굵직한 아픈 현대사의 한 페이지를 두 시간이라는 짧은 시간에 표현하는 영화라는 매체를 통해서 이렇게 이야기한다는 것이 배우에게는 영광되고 또 책임감과 부담도 있다. 이 작품을 대중이 어떻게 평가할지 모르지만 배우로서 이런 작품을 했다는 것이 크나큰 영광이 아닌가 싶다. 결과와 별개로 이런 이야기의 중심에 있었다는 것은 영화배우로서 예술가로서 영광스러운 일이다.

▲ 현장에서도 쉬지 않고 연기 연습을 하는 걸로 유명하다. 만섭을 표현하기 위해 어떤 노력을 했나.

이번 작품은 연습이 없었다. 만섭이라는 인물의 기능적이고 기술적 부분보다 내가 얼마나 진심을 담을 수 있을까 생각했다. 만섭이라는 인물을 얼마나 더 입체적으로 보이게 할까. 어떻게 하면 더 개구쟁이 같고 평범한 사람으로 보일까 하는 준비보다 이 거대한 아픔과 비극을 평범한 사람이 어떻게 체화하나 하는 마음의 준비를 했다. 표현의 강도 같은 것들을 생각하고 준비했다. 이준익 감독의 〈사도〉 때는 오히려 연습을 많이 했다. 왕 역할도 처음이지만 70~80세의 노회한 왕을 어떻게 표현할지, 목소리에 대한 기술적 표현도 준비하고 노력을 했다. 반면 만섭은 내 마음이 이 아픔을 어떻게 체화해서 표현할 것인가만 생각했다.

▲ 40대 배우 중 누구를 대입해봐도 송강호 특유의 서민 연기를 할 사람이 생각나지 않는다.

나만이 가진 서민성과 친근함 아닐까.(웃음) 잘생긴 배우들이 택시 운전사 옷을 입고 앉아 있으면 가짜라고 생각이 들지 않을까. 나의 친근함이 작용했을 거다. 처음 만섭이 피터와 광주로 내려가다가 옥신각신하는 장면에서 피터가 못 알아듣는 욕설도 하고 돈 때문에 가네, 못 가네 하기도 한다. 이 부분은 택시 운전사들이 택시라는 가장 편안한 자기 공간에서의 일상성을 보여주려 했다.

▲ 촬영하면서 힘든 적도 있었을 텐데. 만섭이 광주의 참상을 목격하는 내용도 포함돼 있으니.

벅차오르는 장면도 있고 괴로운 장면도 있고 쉽지 않았다. 기술적으로는 순천에서 유턴하는 장면이 어려웠다. 감정 표현도 힘들었지만 촬영 구간이 거리상 너무 짧았다. 운전하랴 노래 부르랴 또 그 구간에서 감정을 딱 마무리하고 넘어가야 하는데 거리가 짧았다. 심정적으로는 금남로 촬영을 할 때 울컥하고 괴로웠다. 비록 보조 연기자들이 연기하는 것이지만 청년들을 발가벗겨 트럭에 싣는 장면에서는 그들이 진짜 그분들 같고 마음이 짠하더라. 연기자가 연기자로 안 보이고 그때 당시 그분들로 보였다. 총 맞아 쓰러지고 이런 장면들인데 다들 잘 아시겠지만 실제 광주의 참상은 10배, 20배 더했을 텐데 영화에서는

영화는 이념과 사상보다 더 중요한 지점인 '사람은 무엇으로 사는가'
'어떤 시선으로 살아야 하는가' '인간의 도리는 얼마나 위대한가'를
그리려고 한 것 같다

정제해서 표현했다. 우리 영화가 어떤 의미의 영화인지 모두 알기에 스태프들도 연기자들도 한마음으로 뭉쳤다. 팀워크가 좋았다.

▲ 영화를 보기 전부터 눈물을 예상한 관객들 사이에서는 카메라 시선의 담담함을 지적하는 목소리도 있다.

장훈 감독과 제작진이 선택한 방식일 텐데, 우리 영화는 고통스럽고 비극적 참상을 보여주는 것보다 더 큰 지향점이 있었던 것 같다. 이 현실을 극복하고 희망을 이야기하는 데 더 초점을 맞췄다. 그런 지향점을 이해해달라. 만섭의 눈으로 광주를 바라보고, 이념과 사상보다 더 중요한 지점인 '사람은 무엇으로 사는가' '어떤 시선으로 살아야 하는가' '인간의 도리는 얼마나 위대한가'를 그리려고 한 것 같다.

▲ 유해진과 류준열이 연기한 황태술, 구재식은 80년 5월 광주로 관객들을 순식간에 이끄는 큰 역할을 한다.

유해진은 밥 먹을 때 반주를 좋아한다. 유해진과 처음 작업을 해봤는데 마치 그 반주처럼 푸근함과 구수한 마음이 와 닿았다. 그렇게 큰 역할은 아니었지만 유해진의 연기 욕심이 장난이 아니다. '연기 욕심이 그러니 성공했겠지' 싶은 마음이 들더라. 류준열은 첫인상이 까칠하게 생겼잖나. 눈매도 그렇고. 그런데 〈응답하라 1988〉에서 좋게 봤다. 같이 하고 싶은 마음이 간절했는데 쉽지 않은 결정을 해줘서 좋은 작품을 같이 했다. 실제로 유쾌한 구재식 같은 성격의 소유자다.

▲ 촬영하면서 가장 먹먹하게 다가왔던 장면은.

내가 경험하지 못한 시대이니 만섭의 눈으로 겸허하게 바라보았다. 가장 마음이 아팠던 장면은 택시를 타고 광주 시내에 처음 진입했을 때 시민들이 주먹밥을 나눠주고 손을 흔들어주고 박수를 쳐주던 바로 그 장면이다. 이렇게 순수한 사람들이 앞으로 벌어질 그 상황을 어떻게 감당할까 생각하니 그렇게 눈물이 나더라.

▲ 극 초반 만섭은 피터에게 엉터리 영어로 농담을 던진다. 주인집 안주인 상구 엄마(전혜진)와 티격태격하는 신도 유머러스한데 이런 신을 초반에 배치해 극 후반의 엄청난 비극을 극대화하려 한 건가.

초반 유머를 넣어서 계산적으로 드라마투르기를 한 건 아니고 내가 볼 때 만섭을 비롯해 우리네 평범한 삶 속에 희로애락이 다 존재하지 않나. 특히 만섭은 직업적인 것과 맞물려 욕설이 튀어나오기도 하고 유머러스한 장면도 만들고 한다. 이런 장면들은 자연발생적으로 생기는 것 같다. 〈밀정〉도 〈사도〉도 마찬가지다. 인간의 삶 자체에 비극 속에 유머도 존재하고 희극 속에 우울한 감정이 생길 수도 있지 않나.

▲ 금남로 장면 촬영을 한 장소는 세트인가, 실제 금남로인가.

당시 금남로를 그대로 재현해 광주 상무대 부지에 세트를 만들었다. 건물도 만들고 부족한 건 CG도 넣었다. 그곳이 전부 야외 세트였는데 그 찜통 같은 무더위에 보조 연기자들도 큰 고생을 했다. 뙤약볕에 종일 연기를 해야 하는데도 모든 연기자들이 통제를 잘 따라주며

연기해줘서 감사하다. 근 한 달 동안을 너 나 할 것 없이 힘들게 촬영했다.

▲ 〈택시운전사〉의 가장 큰 주제는 '인간의 도리는 무엇인가'다. 송강호가 생각하는 배우의 도리는 무엇인가.

배우의 도리라고 말한다면 너무 거창하다. 연기 처음 배운 게 1989년이니 23세 때다. 그때도 딜레마가 있었다. 연기는 어떻게 잘할 것인가도 중요하지만 그게 100퍼센트는 아니다. 예술가가 무엇을 말할 것인가도 중요하다. 다들 20대에 혼돈과 혼란을 겪으며 성장하지 않나. 배우의 도리라기보다 '내가 연기하는 것이 어떤 의미를 지니고 있는가 정도는 알고 있어야 하지 않나' 그런 생각을 항상 가지고 있었다. 20대 초반부터 그런 마음을 갖고 연기해왔다.

▲ 배우의 꿈을 꾼 건 몇 살 때인가.

중학교 2학년 때부터 배우를 꿈꿨다. 80년 광주민주화운동도 그 해였다. 그 사건에서 영향을 받은 건 아니고 막연히 꿈꾸게 됐다. 마을에 TV도 몇 대 없는 깡시골에서 자랐으니 어떤 문화적 체험이 계기는 아니었던 것 같다. 나와 잘 맞을 것 같기도 하고 재능이 있어 보이기도 하고 그때부터 꿈을 키웠다. 특별한 계기라기보다 서서히 형성된 마음이랄까. 인터넷에는 1991년 〈동승〉이 데뷔작으로 되어 있지만 1989년에 데뷔했다. 당시 민족극이라고 해서 문화운동이 활발할 때 전국에 민족극단들이 있었다. 손석희 아나운서도 그때 연극을 통해서 만났다. 당시 손석희 아나운서는 MBC 노조에서 교육부장을 했다. 대학교에 가서 마당놀이도 많이 하고 초청을 해주면 그곳에 가서 연극을 하고 그랬다.

▲ 한국의 내로라하는 감독들의 캐스팅 1순위다. 그중에서도 박찬욱, 봉준호, 김지운 감독과는 특히 남다른 인연인데 이들의 차이점을 이야기해줄 수 있나.

이 짧은 시간에 그분들의 차이점을 이야기하기는 어려울 것 같고 공통점은 이야기할 수 있다. 세 감독의 공통점은 나한테 바라는 것일 수도 있고 모든 배우들에게 바라는 것일 수도 있는데, 항상 정답을 원하지 않는다. 정답은 다 알고 있는데 정답 아닌 정답을 바란다. 그런 정답이 나올 때 '정답보다 더 정답이야'라고 한다. 이들이 송강호라는 배우를 보고 감탄을 한다면 (나에게) 그런 부분이 있기에 작업을 하지 않았을까 싶다. 그분들이 가진 작품의 성향과 예술가로서의 취향이 각각 달라서 내가 가진 어떤 빛깔이 있다면 자신이 원하는 빛깔을 끄집어낸다. 한마디로 설명하기란 정말 애매하고 어렵다.

▲ 장훈 감독과도 〈의형제〉에 이어 두 번째 만남이다.

장훈 감독과는 많은 이야기를 안 해봤지만 내적인 부분이 강한 분이다. 위낙 착하기도 하고 말씀도 없고 내성적이기도 하고 특히 나를 어려워한다. 내가 여덟 살 위이다보니 대선배이기도 하고.

▲ 오랜 시간 대표 국민배우로 불리고 있다. 부담감도 클 텐데.

'국민배우'라는 호칭은 건강한 부담감을 준다. 책임감까지는 아니지만 바라보는 후배들이 많다보니 보이지 않는 부담감이 있다. 하지만 그 호칭이 또한 나를 채찍질하는 것도 사실이다. 늘 나를 기다려주고 지켜봐주는 관객들에게 어떤 모습으로 다가갈지, 어떤 작품으로 다가갈지 고민하게 만든다.

▲ 작품을 선택하는 기준이 있다면.

결코 감독의 명성을 따라가지 않는다. 시나리오 내용도 중요하지만 그 작품을 해석하는 감독의 생각을 가장 중요하게 본다. 흥행에 성공했거나 좋은 작품을 찍은 감독이라고 해서 무조건 택하지는 않고, 또 그렇게 해서도 안 된다고 생각한다.

▲ 송강호표 코믹 연기에 대한 관객들의 기대가 크다. 그런 점이 부담되지는 않나.

나에게 웃음을 늘 기대한다는 걸 잘 알고 있다. 하지만 관객들의 기대 때문에 매번 재미있는 영화에 출연하게 되는 건 아니다. 마찬가지로 일부러 〈박쥐〉〈복수는 나의 것〉 같은 색채의 작품을 고르는 것도 아니다. 내게 기회가 왔을 때 다양함을 보여줄 수 있는 작품을 택한다. 나도 인간인지라 안일하게 안주하려는 선택을 하고 싶은 유혹도 있다. 그럴 때일수록 마음을 다잡고 새로운 영화를 향한 갈증을 유지하려고 노력한다.

'국민배우'라는 호칭은 건강한 부담감을 준다
책임감까지는 아니지만
바라보는 후배들이 많다보니
보이지 않는 부담감이 있다

▲ 봉준호 감독과 〈기생충〉도 예정돼 있지 않나.

봉준호 감독과 함께 하는 〈기생충〉은 한 가족이 겪는 일을 그린다. 지금까지 한 것과는 다른 시대물이 될 거다. 봉 감독과는 일이 없으면 평소에도 자주 만나는 사이인데 최근 몇 달간은 그가 너무 바빠서 얼굴 보기가 힘들었다. 지난여름에 겨우 만나서 영화에 대한 이야기를 나눴다. 봉 감독과는 작품을 결정하는 데 특별히 시나리오가 오고 가야 하는 사이는 아니다.

▲ 봉준호 감독이 넷플릭스 영화를 택해 화제에 올랐듯 마틴 스코시지 같은 거장도 넷플릭스 영화를 찍는 시대가 됐다. 영화 외에 TV 드라마나 넷플릭스 등 다른 플랫폼의 작품에는 생각이 없나.

한번에 많은 일을 못한다. 잘 생각해보시면 1년에 한 작품밖에 내놓는 게 없다. 작품 하나를 하면 한 6개월 정도 쉰다. 1년 쉰 적도 있다. 플랫폼을 가린다든가 그런 생각은 안 해봤다. 어쩌다 보니 영화만 계속하게 됐다.

▲ 〈내부자들〉의 우민호 감독과 함께 한 〈마약왕〉은 2018년 최고 기대작으로 꼽힌다.

2017년 여름 내내 〈마약왕〉을 촬영했고 10월 10일 크랭크업했다. 이 영화는 반가운 대중오락영화다. 배경이 1970년대고 마약계 최고 권력자를 다룬다. 당시 한국을 뒤흔든 마약 유통사건의 배후이자 마약계의 최고 권력자 이두삼의 이야기다. 어둡고 그런 건 아니고 밝고 재미

있다. 배두나, 조정석, 이성민, 김대명, 유재명, 조우진, 이희준 등 좋은 배우들이 나온다. 매 작품마다 그렇지만 이 작품 역시 행복한 현장이었다. 아마 한국 영화 어떤 장르에서도 볼 수 없었던 신선한 면을 발견하게 될 것이다.

▲▼▲▼▲▼▲▼▲▼

성숙한 역사의식 지닌 관객들의 염원이
천만 흥행의 원동력이다

▲▼▲▼▲▼▲▼▲▼

2017년 유일한 천만 관객 영화

〈택시운전사〉의 장훈 감독

한국 영화계에서 장훈 감독은 〈영화는 영화다〉 〈의형제〉 〈고지전〉 등 내놓는 작품들마다 주목을 받았지만 2017년에는 유독 그 관심과 지지가 뜨거웠다. 2017년 유일한 천만 영화인 〈택시운전사〉의 연출자이기 때문이다. 뛰어난 연출자, 매혹적인 스토리라인, 환상적인 캐스팅 조합 등 모든 조건을 갖춰도 하늘이 운을 내리지 않으면 달성하기 쉽지 않다는 천만 돌파라는 그 어려운 고지를 장훈 감독은 결국 넘었다 (2017년 11월 20일 기준 1,218만 6,254명).

〈택시운전사〉의 열기는 국내를 넘어 해외에서도 뜨겁다. 장 감독은 지난 10월 독일 프랑크푸르트 한국영화제와 프랑스 파리 한국영화제에 〈택시운전사〉가 초청돼 두 영화제에 직접 참석했다. 한국에서의 뜨거웠던 흥행 열기는 그대로 이어져 관객들은 GV(관객과의 대화) 시간에 이 영화를 향한 다양한 관심과 궁금증을 쏟아냈다. 외국 관객들의 열띤 반응에 가장 놀라고 감사한 것은 장 감독 자신이다.

"한인 교포 관객이 아닌 외국인 관객들이 '이런 영화를 만들어줘서 정말 고맙다'고 다정하게 인사를 건네고, '한국에서는 80년 민주화운동에 대한 교육이 잘 이뤄지고 있는가'라는 질문을 던지는 것이 굉장히 인상적이었다."

영화 〈택시운전사〉로 뜨거운 여름을 보내고, 지금은 차기작 〈궁리〉의 구체적인 구상이 한창인 장 감독의 천만 관객을 돌파한 솔직한 소감이다.

"처음에는 실감이 안 났다. 그 후 한두 달이 지나고 많은 분들이 영화를 본 소감을 이야기해주셨을 때에야 조금씩 실감이 나더라. 〈영화는 영화다〉〈의형제〉〈고지전〉에 이어 〈택시운전사〉가 네 번째 영화인데, 관객들에게 가장 많은 소감을 들은 영화다. 정말 뿌듯하고 '다행이다' 싶은 마음도 있는 반면 연출자로서는 늘 작품의 빈틈이 보이기에 그 빈틈을 메우고 이해하려고 노력해주신 관객들께 많이 감사하다. 더 잘 만들었으면 어땠을까 하는 마음은 창작자라면 있을 수밖에 없다."

지난여름, 〈택시운전사〉를 관람한 관객들은 '그날의 광주에 택시운전사와 함께 다녀온 듯 먹먹하다' '이 영화를 보고 나온 우리가 바로 2017년의 또 다른 김만섭이다' 등 뜨거운 반응을 쏟아냈다. 특히 당시 광주에 대한 직·간접적 체험이 전무하다시피 한 젊은 관객들의 반응

마저 뜨거웠다.

　장훈 감독은 실제 역사적 사건을 다루는 창작자로서의 조심스러움과 어려움, 주연배우 송강호의 폭과 깊이를 측정할 수 없는 연기에 대해 장시간 깊은 이야기를 들려주었다. 〈고지전〉 등의 전작 영화를 인터뷰하기 위해 만났을 때도 그 특유의 배려 깊은 겸손한 화법이 돋보였지만, 이번에는 더욱 인상 깊었다. 실제 역사 속 인물들에 대한 사려 깊은 고민, 관객을 향한 애정과 믿음 그리고 주연배우와 스태프들을 향한 배려로 일관하는 그를 보며 '좋은 사람에게서 좋은 영화가 나온다'는 충무로의 속설을 다시 한 번 확인할 수 있었다.

▲ 2017년 유일한 천만 영화가 됐다. 그 소감부터 들려준다면.

　〈택시운전사〉를 많이 사랑해주신 덕분에 천만을 넘어섰다. 솔직히 처음에는 잘 믿기지 않았다. 주변에서 그 이야기들을 하고 영화진흥위원회 통합전산망 숫자가 천만이 넘어 있는 걸 봤지만, 그런 관객 수를 처음 경험해본 일이기에 실감이 안 났다. '굉장히 많은 관객이 봤구나' 하고 놀라긴 했는데 실감은 나지 않더라. 그런데 이제야 조금씩 실감하게 된다. 여러 영화제들이나 무대 인사를 다녀보면 예전 내 영화들에 비해 보신 분들이 많고 또 구체적 소감도 많이 듣게 된다.

　관객들에게 가장 많은 소감을 들었던 영화다. 그러면서 많은 생각을 하게 되더라. 뿌듯하고 다행이다 싶은 마음도 있고 연출자로서 부족한 부분도 떠오른다. 완벽한 작품이라고 생각하지는 않는다. 연출자는 어떤 작품이든 아쉬운 부분이 있는데, 관객이 여유롭게 그 빈틈을 메우며 봐주시고, 또 이해해주려 한 것 같아 감사드린다. 만든 입장에서는 좀 더 잘했으면 어땠을까 하는 아쉬움도 있다. 창작자는 다 그런 마음이 있을 수밖에 없다.

▲ 관객들은 왜 그렇듯 관심과 지지를 보냈을까.

우리나라가 더 좋아지기를 바라는 염원 같은 것 아니었을까. 1980년에서 한참 지났지만 아직 완전히 정리되지 않은 채 남겨져 있는 어떤 부분들이 이제 제대로 아물고 정리되기를 바라는 마음이 무의식적으로 혹은 의식적으로 있었던 것 아닐까. 더 좋은 나라가 되기를 바라는 마음에서 아이들을 데리고 와 영화를 보고, 연출자에게 소감을 이야기하고 그러셨던 것 같다. 그런 점에서 영화가 역사의 어떤 특정한 시대 혹은 어떤 사건을 다루고자 할 때 관점이나 시선도 중요하지만 역사교육 그 자체가 중요하다는 생각이 들었다.

이 영화를 본 젊은 세대가 영화를 통해 당시의 광주에 대해 알았다는 이야기를 많이 들었다. 이 영화가 실화가 아니라고 생각하는 사람들이나 영화에서 일부러 그렇게 다룬 것 아니냐는 질문도 받았다. 그런 점에서 영화도 역사를 올바르게 다루려 노력해야 하고, 또 우리 학생들이 교육을 통해서 역사를 더 잘 배울 수 있는 환경이 되었으면 좋겠다는 생각이 들었다. 관객들이 우리 역사에 대해 꾸준히 관심을 갖는 것은 정말 훌륭하다고 생각한다. 제도적으로 학교에서 역사 교육을 제대로 받을 수 있는 기회가 더 많았으면 좋겠다.

▲ 요즘 어떻게 지내고 있나.

10월 마지막 주에 독일 프랑크푸르트에서 열린 한국영화제에 참석
했다. 위르겐 힌츠페터 씨의 아내 에델트라우트 브람슈테트 씨와 〈택
시운전사〉 상영 후 GV를 했다. 힌츠페터 씨와 함께 80년 광주민주화
운동에 대한 다큐멘터리인 〈기로에 선 한국〉을 같이 만든 위르겐 베르
트람 기자도 참여했다. 극중 힌츠페터 역을 연기한 토마스 크레취만
배우도 GV에 하루 정도 함께 했다. 힌츠페터 씨가 당시 광주에서 1980
년 5월 20, 21일 촬영한 필름을 독일 TV 뉴스에 나올 수 있도록 도운
사람이 베르트람 기자다. 뿐만 아니라 그 필름과 힌츠페터 씨가 다시
한 번 광주를 촬영한 영상을 가지고 다큐를 함께 제작하기도 했다. 이
때 필름이 1980년 당시 독일에서 뉴스로 방송되고 일본과 미국에서도
보도가 됐다. 광주민주화운동이 외국에서 보도될 수 있도록 하는 데
두 기자의 역할이 매우 컸다. GV에서 이런 이야기들을 나눴고 관객들
은 큰 박수를 보냈다.

파리 한국영화제에도 참석해 개막작으로 〈택시운전사〉 상영과 GV
를 가졌다. GV 이후 외국인 관객들이 "이런 영화를 만들어줘서 고맙
다"고 인사를 건넸다. 한국인 관객들의 고맙다는 반응은 이해가 되는
데 외국인 관객들이 그런 말을 하니 어떤 의미인가 궁금했다. 한국에
서 당시 광주에 대한 역사교육이 제대로 되고 있는지 묻는 질문도 이
어졌다.

▲ 송강호와 〈의형제〉에 이어 작품을 함께 했다. 송 배우 말로는 장 감독이 자

신을 어려워한다던데.

송강호 선배는 내가 영화를 해야겠다는 생각을 갖기 전부터 이미 대단한 배우였다. 《씨네21》에 송 선배가 나온 사진을 오려서 가지고 다니던 시절도 있다. 〈공동경비구역 JSA〉의 인터뷰 때 사진으로 우수에 젖은 표정이었는데, 스틸 한 컷에 선배의 모습이 다 담길 수 없다는 사실이 안타까웠다. 영화를 두 편 같이 하면서도 너무 존경하는 선배이고, 또 내가 까마득한 후배이다보니 여전히 어렵다. 진짜 사랑하는 여자 앞에서 무슨 말을 해야 할지 모르겠는 마음처럼 너무 좋아하고 존경하는 분이기에 무슨 말을 해야 할지도 모르겠다. 그래서 쓸데없는 말을 자꾸 하게 되는 느낌이랄까.

송강호 선배가 연기한 만섭은 당시 고립된 광주를 제외한 모든 다른 지역 국민을 대변하는 인물이다. 만섭의 심리적 변화와 시선을 통해서 당시 광주 사건의 실체를 몰랐던 평범하고 보편적 인물을 그리고 싶었다. 그 시대를 살지 못한 지금의 우리를 대변하는 인물이기도 하다. 그가 광주에 내려가서 보게 되는 상황들을 통해서 계속 피하고 시선을 돌리고 다른 이야기를 하고 심지어 차까지 돌리며 서울로 올라갈 생각만 하지 않나. 그런 인물이 점점 그 공간 안으로 들어가면서 도달점에 이르렀을 때 광주의 상황에 고개 돌리지 않고 직시하게 하는 것이 목표였다. 금남로를 마지막으로 직시하는 만섭을 생각해보라. 택시 운전사의 역할과 임무는 손님을 무사히 잘 데리고 나오는 것인데 만섭의 감정이 점점 그곳을 직시하는 것까지 갔으면 좋겠다고 생각했다. 관객 또한 그날의 그곳에서 만섭이 보듯 바라봤으면 좋겠다고 생각했다. 현장에 있는 느낌을 갖게 하고 싶었다. 하지만 모든 상황 판단은 관객이 하는 게 맞다. 우는 사람도 있고 눈물 나려다 말 수도 있고 먹먹할 수도 있고 관객마다 각자의 느낌을, 현장에 있는 느낌으로 느끼는 게 맞지 않을까.

▲ 광주민주화운동이 일어난 지 30년도 훌쩍 넘은 지금 또다시 광주를 소재로 영화를 만들게 된 계기는?

내가 쓴 각본은 아니고 완성된 시나리오를 제안받았다. 처음 초고를 제안받은 때가 2015년 10월 말경이다. 애초 제작사의 최기석 대표와 박은경 대표가 2003년에 시작한 프로젝트였다. 위르겐 힌츠페터 기자가 송건호 언론상을 받은 당시 기사를 읽고 아이디어를 떠올렸다고 했다. 초고였지만 어떤 이야기를 하려는지 잘 보였고 그 점이 마음을 움직였다. 당시는 언론이나 시대적인 내용이 더 담겨 있었다. 다만 내가 겪지 않은 80년 광주라는 그 비극적 역사를 다룬다는 게 걱정이 되고 고민이 됐다. 여전히 삶의 한 부분으로 지니고 있는 분들이 계신데 누가 되지 않을까 싶어서다. 연출 제안을 받고 1주일 뒤 답을 드리겠다고 했고, 1주일 뒤 긍정적으로 답을 드렸다.

▲ 긍정적으로 답을 하게 된 동기가 궁금하다.

시나리오를 봤을 때 인물들에게 받았던 느낌에 마음이 움직였고 또 자기 동일시가 되더라. 마음에 그 부분이 크게 남아서 하겠다고 했고, 이후 창작자의 입장에서 광주를 시대 배경으로 외부인의 시선으로 어떻게 보여줄까 고민했다. 영화 한 편에 어떤 역사적 사실을 다 담기란 어려운 일이다. 그것을 바라보는 다양한 시각과 감정과 입장이 있을 수 있는데, 어떤 시대적 사건에 대해 시각과 관점이 다양하게 나온다는 것은 그만큼 다양한 시각에서 경험하고 성숙하게 그 이야기를 소화해낼 필요가 있다는 것이다. 자꾸 이야기가 되어야 할 필요가 있는 것이다. 만약 더 이상 그 사건들에 대해 이야기할 부분이 없다고 생각된다면 그때는 만들어지지 않을 것이다. 창작자들이 어떤 사건을 소재로 활용하기 위해 접근하지는 않는다고 본다. 내가 〈택시운전사〉에서 이런 관점으로 다뤘다면 나중에 누군가는 또 다른 태도와 시각으로 이야기를 이끌 수 있지 않을까.

▲ 실제 김사복 씨가 힌츠페터 기자 앞에 나서지 않았던 것과 별개로 영화에서는 극적 효과로 김사복 씨가 자신이 존재를 알릴 수도 있었을 텐데 그렇게 하지 않았다. 이유가 궁금하다.

만섭의 택시가 영화 말미 광화문으로 향하는 것은 우리 영화가 크랭크인한 2016년 6월도 되기 훨씬 전 결정된 일이다. 그리고 같은 해 10월 23일 크랭크업했는데 기술 시사와 편집을 거치는 사이 시대적으로 광화문의 의미가 너무 달라져 있었다. 심지어 광화문을 다른 대사로 바꿀까 하는 고민도 했다. 하지만 결국 관객이 해석할 몫이고 원래 의도대로 광화문을 살렸다. 만섭이 손님을 태우고 자동차가 많은 대로에서 차들 사이로 섞이는 엔딩은 동시대의 수많은 분들이 김사복일 수 있다는 의미도 될 수 있겠다. 김만섭은 극 중 내적인 큰 변화를 겪고 다

어떤 시대적 사건에 대해
시각과 관점이 다양하게 나온다는 것은
그만큼 다양한 시각에서 경험하고 성숙하게
그 이야기를 소화해낼 필요가 있다는 것이다

른 사람으로 바뀐 게 아니고 큰 용기를 내서 위험한 상황에도 손님을 태우고 나온 인물이다. 어쩌면 여전히 보통 사람이었을 거다. 혼자서 딸을 잘 키워야 하는 아빠로 말이다. 그 사건을 겪었지만 여전히 보통 사람으로 살아가는 느낌으로 뒷부분을 마무리하고 싶었다. 만든 사람의 입장에서 한 개인으로서 의도도 있고 우선순위를 정하기도 하지만 인터뷰에서 내가 '이런 의도로 만들었다'고 말하는 것은 민망하다. 관객이 영화를 보고 서로 다르게 해석하는 것으로 영화는 결국 완성되는 것이라고 본다.

▲ 다시 송강호 배우로 돌아가보자. 장훈 감독이 본 송강호라는 연기자의 뛰어난 점은 무엇인가. 짝사랑에 빠진 이성을 대하듯 존경하는 마음을 왜 갖게 됐나.

송강호 선배에 대해서는 한두 마디로 설명하기가 어렵다. 영화 경험도 많으시고, 매번 정점을 넘어서는 분 아닌가. 끊임없이 자신을 변화시키고 스스로 어떤 이야기를 하고 있는지 정확히 알고 있는 예술가다. 부족한 사람이 자신보다 더 대단한 사람을 어떻게 설명하겠나.

송 선배는 나보다 예술가로서나 영화인으로서나 폭과 깊이가 더 넓고 깊은 분이다. 그가 가진 예술가로서의 폭과 깊이의 정도가 얼마나 되는지 잘 모르겠다. 가장 깊은 곳에서 가장 얕은 곳까지 갈 수 있는데, 중요한 것은 자신이 가고 싶은 지점을 정확히 갈 수 있다는 거다. 그러면서도 대중에게 정확히 다가간다.

송강호 선배 연기는 예측이 안 된다. 단 한 번, 한순간에 여러 가지를 복합적으로 표현하는 사람이다. 관객이 재미있게 볼 수 있도록 감정이입을 하게 할 수도 있지만 반면 순간적으로 관객이 배우가 어떤 생각을 하는지 모르게 만들 수도 있다. 또 갑자기 무섭게 만들 수도 있고 측은해 보이게도 할 수 있는데 그런 연기들을 순간적으로 해낸다.

▲ 〈택시운전사〉 속 장면들로 예를 들어본다면.

시나리오에는 보통 가이드라인만 담겨 있을 뿐이다. 행간은 표현할 수 없다. 어떤 자세로 앉아서 손을 어떤 위치에 두고 사람의 어느 위치를 쳐다볼지 디테일까지 표현되어 있지는 않잖나. 송강호 선배는 그 행간을 생각지도 못한 방식으로 놀랍도록 밀도 높게 단 한순간에 표현한다. 배우에 따라서 지문에 쓰여 있는 대로 하는 배우도 있겠지만 송 선배는 그 짧은 행간에 뭐가 나올지 모른다. 딸과 방에서 콩나물국을 먹다가 딸이 "상구 엄마가 가져다준 거야"라고 하자 바로 콩나물국을 뱉는 장면을 생각해보라. 퇴근하고 돌아오면서 동네 아이들이 공을 차는 모습을 보면서 혼자 헛발질로 공을 차는 흉내를 내지 않나. 보편적 가장으로서의 귀가가 아니라 김만섭 개인의 특징이 담겼다.

피터가 쿠키 통에 필름을 넣는 장면을 보면 선물 상자로 속이기 위해 리본을 묶는다. 시나리오에는 그냥 리본을 묶는다는 지문만 있다. 아마 관객은 모르고 넘어갔을 텐데 피터가 리본을 묶을 때 만섭이 리본이 예쁘게 묶이라고 리본 중심에 손가락을 대주는 동작이 있다. 원래 없던 내용이다. 그 단순해 보이는 행동에서 두 사람의 관계가 발전된 것이 보이잖나. 박 중사(엄태구)가 번호판을 발견한 장면을 보면 카메라가 앙각으로 만섭을 향하고 만섭이 앙각 타이트로 박 중사를 쳐다 보는 장면이 있다. 표정이 세다. 두려움과 긴장감이 함께 담긴 장면인 데 어떻게 할지 눈치를 보다가 갑자기 뒷목을 딱 치더라. 저건 뭐지 하고 놀랐는데 그 복합적 감정을 표현하면서도 모기를 잡은 것이다. 정말 송강호 선배 장면들의 오케이 컷들은 보면 볼수록 신기하다.

▲ 류준열의 연기를 보면 기를 쓰고 하는 느낌은 없는데, 그 시대 대학생으로 자연스럽게 녹아들어가 있다.

류준열을 처음 만났을 때 스타로서 팬과 매체의 열광적인 반응에 변화하는 사람인지 그것과 상관없이 자신의 정체성을 확고히 가진 사람인지 궁금했다. 막상 만나보니 스타로서의 삶과 개인으로서의 삶을 관리하는 게 건강해 보였다. 일로서 자신이 해야 하는 부분과 팬과의 관계, 작품을 대하는 배우로서의 모습도 좋았다. 연기의 측면에서도 높이 평가하고 싶다. 연기가 안 되면 술을 먹고 괴로워하거나 '내 연기는 왜 안 늘까' '왜 내 연기를 안 알아주나'라고 고민하는 배우들도 있다. 배우는 소모가 많은 직업이고 심리적으로 예민해질 수밖에 없는 직업이다. 그런데 그는 반대다. 강박도 없고 자신을 괴롭히지도 않는다. 현장에서 모르면 모른다고 말하고 자신이 생각하는 것을 피력할 줄도 안다. '저는 이렇게 생각했는데 그럴 수도 있겠네요'라고 의견을 제시하는 것이다. 자신을 괴롭히면서 성장하기보다 부족한 부분을 보여주고 인정하고 주변 사람들의 이야기를 듣고 자기화해서 흡수하는 능력이 대단하다. 앞으로 얼마나 성장할지 기대가 크다.

▲ 류준열과 함께 당시 광주로 관객을 자연스럽게 안내하는 이가 유해진이다. 그냥 그 시절에서 걸어 나온 듯한 연기는 관객에게 어떤 이질감도 느끼지 못하게 한다.

유해진 선배를 빼고는 어떤 배우도 생각이 안 났다. 처음 영화가 공개된 후 유해진의 역할이 너무 작다고 말하는 언론의 반응을 봤다. 그런 문제 제기가 나왔다면 관객도 느꼈을 것이다. 하지만 유해진 선배는 이 영화의 취지에 대해 배우로서 소신을 가지고 출연을 결정했다. 역할의 크기를 보고 결정한 게 아니다. 작은 역할이었는데도 배우의 소신으로서 출연을 결정하는 것을 보고 정말 큰 배우라고 생각했다. 처음부터 본인이 어떤 역할을 하는지 알면서도 이 작품에 함께 참여하고 싶다고 했다. 유해진 선배의 역할이 극 중 관객을 유일하게 숨 쉬게 해주는 역할이었는데 맡아주셔서 정말 고맙다. 유 선배에게 제안하기 전에는 내 욕심이겠거니 했는데, 흔쾌히 수락해주셨고 그 역할을 누구보다 훌륭하게 소화해주셨다.

▲ 연출자로서 가장 어려웠던 점과 만족하는 지점은.

촬영이 주로 차에서 이루어졌는데, 차 안이 좁고 또 차가 달리는 가운데 찍어야 하니 힘들었다. 게다가 대사도 많고 감정 표현까지 해야 했다. 한여름에 찍다보니 배우와 스태프 모두 고생이 말이 아니었다. 만족한 지점은 이번에 조영욱 음악감독과 처음 작업했는데 가장 편하게 작업했고 만족도도 매우 높다. 많은 장면들을 음악적으로 잘 해석해서 여러 버전을 만들어주어서 선택하기 좋았다.

미술에 대한 만족도도 높다. 우리 영화에 CG가 많이 들어가는데, 근현대를 CG 작업하는 게 가장 어려운 일이다. 많은 분들이 고생해주셨다. 운이 좋아서 좋은 분들을 만났고 작품도 사랑을 받아 행복하다. 그저 앞으로도 운이 좋아서 영화를 계속 만들 수 있기를 바란다. 비록 힘들지만 최선을 다해서 이 순간을 살아가는 사람들의 마음에 위안이 되는 따뜻한 영화를 만들고 싶다.

▲ 배우나 스태프들에 대해서는 칭찬 일색인데 정작 자신의 연출력에 대해서는 칭찬을 잘 안 하더라. 오늘은 꼭 들어야겠다. 4편의 장편영화를 만들었고 그 어렵다는 천만 감독도 됐다. 스스로 생각하는 연출자로서의 장점은 뭔가.

나는 아직도 배우고 있다. 영화를 전공한 것도 아니고 영화를 시작하기 전에 배운 적도 없어서 촬영 현장에서 처음 배웠다. 그러다보니 현장에는 나보다 경험이 많은 분도 있고 더 잘 아는 분도 있다. 그래서 배우나 스태프의 의견을 많이 구하고 듣는 편이다. 감독의 역할 중 하나가 그 많은 사람들의 의견을 듣고 수렴하는 것이라고 생각한다. 가능하다면 누구를 막론하고 자신의 의견을 이야기하고, 그 부분들이 영화에 반영될 수 있는 방향으로 고민하고 수렴하는 식으로 연출해왔다. 물론 이 방식은 장단점이 있다. 매 작품을 할 때마다 그 지점에 대해 고민하게 된다. 토마스 크레취만은 "이렇게 대화를 많이 하는 현장은 처음"이라던데 그게 좋다는 의미인지 나쁘다는 의미인지 헷갈리기는 하다.(웃음) '사공이 많으면 배가 산으로 간다'는 말도 있지만 현장의 여러 의견을 어떤 한 점에 모으고 집중할 수 있는 정도의 판단력이 중요한 것 같다.

▲ 차기작은 장영실과 세종대왕의 숨겨진 이야기를 다룬 〈궁리〉다. 이 영화를 선택하게 된 이유가 궁금하다.

첫 사극 도전이다. 차기작을 위한 작업은 이미 시작했다. 아직 〈택시운전사〉의 해외 홍보 일정이 있어서 차기작 팀에 양해를 구하고 외국에 다니고 있다. 시나리오 작가가 작업을 하고 있다. 〈궁리〉는 옛이야기를 다룬 사극인데 마치 '오래된 미래랄까' 그런 느낌이 있다. 세종대왕과 장영실이 꿈꿨던 나라와 이상향이 여전히 유효한 미래라고 느껴진다.

▲ 앞으로의 계획이 궁금하다.

〈택시운전사〉가 아카데미 외국어상 부문 후보작으로 선정돼서 사전 홍보 캠페인을 다녀와야 한다. 거길 다녀오자마자 〈궁리〉의 프리프로덕션 작업을 할 예정이다. 2018년 초까지 이 작업을 마치고 촬영에 바로 들어가서 후반 작업까지 하는 데 1년을 꼬박 보내야 할 것 같다. 일정만 맞으면 〈택시운전사〉의 주요 스태프들과 함께 〈궁리〉의 작업을 하고 싶다.

부록

2018 주요 영화 라인업

장르 영화 헤쳐 모여!

2017년 영화계는 〈택시운전사〉(장훈 감독, 1,218만 명)라는 천만 흥행 영화의 성과를 얻기는 했지만, 한 해 2편의 천만 영화가 나오곤 했던 예년에 비해 흥행은 많이 아쉬운 편이다. 또한 한 해의 흥행작 10위권 내 영화들이 최소 500만 관객 이상을 모았던 예년과 달리 흥행 10위인 〈토르 : 라그나로크〉(외화 포함)의 누적 관객 수가 459만 명을 겨우 넘어선다(2017년 11월 20일 기준).

그렇다면 절치부심해야 하는 국내 5대 메이저 투자배급사가 준비하고 있는 2018년 라인업은 어떨까. 개봉 시기와 경쟁작이 흥행의 성패를 가르는 중요한 요소 중 하나다. 그런 만큼 투자배급사들은 2018년 라인업 작성에 고심하지 않을 수 없다. 각 사의 대표작으로는 〈PMC〉 〈공작〉(CJ엔터테인먼트), 〈마약왕〉(쇼박스), 〈염력〉 〈안시성〉(NEW),

〈신과 함께 2〉 〈지금 만나러 갑니다〉(롯데엔터테인먼트), 〈명당〉(메가박스 (주)플러스엠)이 거론되고 있다.

2018년 텐트폴 영화들을 주제별로 분류해본다면 한반도를 둘러싼 복잡한 국제 정세를 배경으로 새로운 형식을 조합한 영화(PMC, 공작), 현대사 속 문제 인물을 주인공으로 한 장르 영화(마약왕), 초능력을 소재로 한 한국형 히어로 무비(염력), 승리의 역사를 다룬 초대형 사극 프로젝트(안시성), 최고의 VFX 효과를 가미한 웹툰 원작의 초대형 블록버스터(신과 함께 2)로 나눌 수 있다. 스릴러, 액션, 판타지 등 더욱 다양한 장르의 영화들이 포진되어 있는 게 눈에 띈다.

투자배급사별 영화 라인업을 구체적으로 살펴보자. 2018년 영화 콘텐츠의 흐름을 한눈에 살펴볼 기회가 될 것이다. 현장감을 더하기 위해 각 사 홍보팀장의 멘트도 함께 담았다.

〈공작〉〈PMC〉 텐트폴 영화로 여름, 겨울 흥행 노리는 CJ엔터테인먼트

/

2018년 CJ엔터테인먼트 영화 라인업의 특징은 스릴러, 코미디, 첩보물, 전투 액션, 휴먼 드라마 등 다양한 장르가 포진되어 관객들의 다양한 장르적 욕구를 충족시킬 전망이다. 김병우, 윤종빈, 이언희, 장재현, 추창민 등 다양한 전작들을 통해 상업적, 예술적 성취를 이뤘던 감독들의 귀환과 그들이 전작들에서 보여줬던 장기들이 이번에 새롭게 선보일 이야기에 얼마나 잘 접목될 수 있을지 주목된다.

특히 윤종빈 감독의 〈공작〉, 김병우 감독의 〈PMC〉 등 북한을 소재로 한 영화 2편 라인업이 포함되어 있다. 한반도를 둘러싼 복잡한 국제 정세 속에서 영화가 보여주는 새로운 상상력이 관객에게 매력적으로 다가갈 수 있을 것으로 기대한다.(윤인호 홍보팀장)

골든 슬럼버

감독 : 노동석

제작 : 영화사 집

주연배우 : 강동원, 김의성, 김성균, 김대명, 그리고 한효주

줄거리 : 거대한 권력에 의해 암살범으로 지목된 후 쫓기게 된 평범한 남자의 이야기다.

특징 : 평범한 택배기사 건우(강동원)가 암살 사건의 범인으로 지목되며 거대한 음모에 빠진다. 긴장감 넘치는 스토리에 오랜 친구들과의 추억과 우정이라는 감

상업적, 예술적 성취를 이룬 윤종빈 감독의 신작 〈공작〉.

동 코드가 더해진 작품이다. 〈마스터〉〈검은 사제들〉〈감시자들〉 등 다수의 흥행작을 보유한 영화사 집이 제작했다.

공작

감독 : 윤종빈

제작 : (주)영화사 월광 / (주)사나이픽처스

주연배우 : 황정민, 이성민, 조진웅, 주지훈

줄거리 : '흑금성'이라는 암호명으로 북핵 실체를 파헤치라는 지령을 받은 안기부 블랙요원이 1997년 대선을 앞두고 남북 수뇌부 사이의 은밀한 거래를 감지하게 되면서 벌어지는 첩보 드라마다.

특징 : 〈신세계〉〈검사외전〉〈보안관〉 등의 흥행작을 보유한 '영화사 월광'과

'사나이픽처스'가 제작을 맡았다. 규모 있는 전작들에서 특유의 연출력을 인정받은 윤종빈 감독이 각본과 연출을 맡았고, 자타 공인 연기파 배우들의 잇단 가세로 화제를 불러일으키고 있다.

궁합

감독 : 홍창표

제작 : (주)주피터필름

주연배우 : 심은경, 이승기

줄거리 : 액운이 낀 팔자로 소문난 송화옹주(심은경)의 혼사를 위해 부마 간택이 시작되고, 뛰어난 역술로 궁합풀이를 담당하게 된 서도윤(이승기)과 송화옹주가 궁궐 밖에서 신랑감 후보를 직접 확인하며 벌어지는 이야기다.

특징 : 913만 관객을 동원하며 성공을 거둔 〈관상〉 제작진의 '역학 3부작' 중 두 번째 작품이자 이승기 배우의 군 제대 후 첫 영화다. 현대인이라면 누구나 한번쯤 관심을 가질 법한 사주와 궁합이라는 흥미로운 소재에 더해, 코믹 연기에 강한 이승기와 심은경의 '연기 궁합' 역시 기대되는 작품이다.

그것만이 내 세상

감독 : 최성현

제작 : JK필름

주연배우 : 이병헌, 윤여정, 박정민, 한지민, 김성령

줄거리 : 한물간 복싱선수 형 조하(이병헌)와 서번트 증후군 동생 진태(박정민), 잘하는 것도 좋아하는 것도 성도 다른, 난생처음 마주친 남보다 훨씬 먼 두 형제의

이야기다.

특징 : 〈국제시장〉〈히말라야〉〈공조〉 등을 만든 JK필름이 제작한다. 대한민국 대표 연기파 배우 이병헌과 차세대 연기파 배우 박정민의 첫 만남이다. 두 배우의 독특한 캐릭터 변신과 역대급 케미로 웃음은 물론 감동이 더해진 시너지가 기대되는 작품이다.

사바하

감독 : 장재현

제작 : 외유내강

주연배우 : 이정재, 박정민

줄거리 : 종교문제연구소를 운영하며 사이비 종교 문제를 조사하던 박 목사가 신흥 종교와 연관된 '사슴동산'을 수사하면서 초현실적 사건에 휘말리게 되는 이야기다.

특징 : 전작 〈검은 사제들〉을 통해 오컬트 장르를 새롭게 개척하며 평단과 대중의 관심을 한 몸에 받은 장재현 감독의 차기작 스릴러다. 매 작품마다 매력적인 연기 변신으로 관객을 사로잡았던 이정재의 또 다른 변신, 여기에 가세한 젊은 피 박정민의 연기 대결이 감상 포인트다.

탐정 2

감독 : 이언희

제작 : ㈜크리픽쳐스

주연배우 : 권상우, 성동일, 이광수

줄거리 : 전편 〈탐정 : 더 비기닝〉에 이어 탐정 사무소를 개업한 강대만(권상우)과 노태수(성동일)가 미궁 속 사건을 해결하며 벌이는 이야기다.

특징 : 전작에서 재치 넘치는 연기를 보여줬던 권상우와 성동일에 이광수가 합류한다. 한층 풍성해진 코미디와 추리극의 묘미를 보여줄 예정이다. 〈미씽 : 사라진 여자〉에서 긴장감 넘치는 연출력을 보여준 이언희 감독이 메가폰을 잡으며 전작과는 또 다른 결의 후속편 탄생이 기대되는 작품이다.

협상

감독 : 이종석

제작 : JK필름

주연배우 : 현빈, 손예진

줄거리 : 서울지방경찰청 위기협상팀의 유능한 협상가가 자신의 상사를 납치한 인질범과 대치하며 벌어지는 범죄 스릴러다.

특징 : 손예진의 협상가 변신과 현빈의 첫 악역 도전이 기대되는 작품으로 두 배우의 연기 대결에 관심이 쏠린다. 한국 영화에서는 다뤄진 적 없는 '협상'을 소재로 예측할 수 없는 스토리 전개를 보여줄 예정이다. 〈국제시장〉〈히말라야〉〈공조〉 등 다수의 흥행작을 보유한 JK필름 제작이다.

PMC

감독 : 김병우

제작 : (주)아티스트컴퍼니 / (주)퍼펙트스톰필름

주연배우 : 하정우, 이선균

판문점 지하 벙커 회담장에서 벌어지는 전투 액션 영화인 김병우 감독의 〈PMC〉.

줄거리 : 판문점 30미터 아래 지하 벙커 회담장에서 벌어지는 비밀 작전에 글로벌 민간 군사 기업의 한국인 용병 에이헵(하정우)과 그의 팀원들이 투입되면서 벌어지는 실시간 전투 액션이다.

특징 : 가까운 미래를 배경으로 밀폐 공간에서 벌어지는 군사작전을 긴박하게 그려낸 리얼타임 액션영화다. 연출을 맡은 김병우 감독은 〈더 테러 라이브〉를 통해 한정된 공간에서 극도의 긴장감을 끌어내 성공시킨 바 있다. 한국 영화에서 좀처럼 볼 수 없었던 새로운 전투 액션이 관람 포인트다.

7년의 밤

감독 : 추창민

제작 : 폴룩스(주)바른손

주연배우 : 류승룡, 장동건, 송새벽, 고경표

줄거리 : 세령호에서 벌어진 우발적인 살인사건, 한순간의 실수로 모든 걸 잃게 된 남자 현수(류승룡)와 그로 인해 딸을 잃고 복수를 계획한 남자 영제(장동건)의 7년 전의 진실, 그리고 7년 후 끝나지 않은 이야기를 그린다.

특징 : 정유정 작가의 베스트셀러를 원작으로 한 탄탄한 스토리에 더해 〈광해 : 왕이 된 남자〉의 추창민 감독의 차기작으로 화제를 모으는 작품이다. 〈7번 방의 선물〉 〈광해 : 왕이 된 남자〉 등을 통해 발군의 연기력을 보여준 류승룡과 충무로 최고 스타 배우 장동건의 묵직한 연기 변신이 기대된다.

송강호와 〈내부자들〉 우민호 감독의 〈마약왕〉으로 천만 재현 기대하는 쇼박스

/

2017년 쇼박스는 〈택시운전사〉 장훈 감독·송강호, 〈살인자의 기억법〉 원신연 감독·설경구 등으로 원숙한 감독의 연출력과 신뢰할 수 있는 배우의 연기력이 합쳐진 작품들을 선보였다면, 2018년은 콘텐츠의 차별화에 무게를 실을 예정이다.

2018년 쇼박스 텐트폴 여름 영화는 〈내부자들〉 우민호 감독의 차기작 〈마약왕〉으로, 1970년대 부산에서 벌어진 '한국판 마피아' 사건을 모티프로 했다. 영화 〈돈〉은 〈베를린〉 〈남자가 사랑할 때〉 조감독을 맡았던 박누리 감독의 첫 연출작으로, '돈이 계급을 만들고 돈이 인격을 만드는 세상'을 '증권시장'과 접목시키며 신선하게 풀어냈다. 또한 범죄가 발생했으나 수사기관이 인지하지 못해 공식적인 범죄 통계에 집계되지 않은 '암수범죄'를 다룬 영화 〈암수살인〉(김태균 감독) 등 2018년 쇼박스는 색다른 콘텐츠로 관객에게 다가가려 한다.(최근하 홍보팀장)

마약왕

감독 : 우민호

제작 : (주)하이브미디어코프

주연배우 : 송강호, 조정석, 배두나

줄거리 : 1970년대 대한민국을 뒤흔든 마약 유통 사건의 배후이며, 마약으로 한 시대를 풍미했던 이두삼(송강호)과 그를 돕고 쫓고 함께했던 사람들의 이야기를 담은 범죄영화다.

쇼박스의 2018년 텐트폴 여름 영화 〈마약왕〉.

특징 : 대한민국 청불 영화 역사상 역대 흥행 기록을 보유하고 있는 〈내부자들〉 우민호 감독과 제작진이 다시 한 번 뭉쳤다. 여기에 명실상부 대한민국 대표 배우 송강호와 조정석, 배두나, 이성민과 함께 김대명, 김소진, 이희준, 조우진 등 완성도 높은 캐스팅으로 더욱 기대를 모은다. 특히 〈관상〉에 이어 송강호 · 조정석이 다시 만났으며, 송강호 · 배두나는 〈괴물〉 이후 10년 만에 호흡을 맞췄다.

조선명탐정 3 (가제)

감독 : 김석윤

제작 : 청년필름

주연배우 : 김명민, 오달수, 김지원, 이민기

줄거리 : 의문의 흡혈마귀 연쇄살인을 해결하기 위해 다시 뭉친 명탐정 김민(김

다시 뭉친 명탐정들의 코믹 어드벤처 탐정극 〈조선명탐정 3〉.

명민)과 서필(오달수), 그리고 기억을 찾고자 이들을 돕는 여인(김지원)의 코믹 어드벤처 탐정극이다.

특징 : 대한민국 유일무이 명맥을 이어나가고 있는 한국 영화 시리즈물이다. 〈조선명탐정 : 각시투구꽃의 비밀〉〈조선명탐정 : 사라진 놉의 딸〉을 통해 한국의 셜록 홈스라 불리는 '김명민 · 오달수' 콤비의 세 번째 만남. 여기에 늘 함께한 김석윤 감독과 제작사 청년필름이 가세했다. 이번 작품은 전작과의 차별화를 위해 사건 해결에 직접적인 도움을 주며 능동적인 모습으로 극을 이끄는 새로운 여인(김지원)이 등장한다.

돈

감독 : 박누리

제작 : (주)사나이픽처스 / (주)영화사 월광

주연배우 : 류준열, 유지태, 조우진

줄거리 : 부자의 꿈을 안고 여의도에 입성한 신입 주식 브로커(류준열)가 여의도 최고의 작전 설계자(유지태)를 만난 후 돈의 유혹에 휘말리면서 벌어지는 일을 그린 범죄 드라마다.

특징 : 〈부당거래〉〈베를린〉〈남자가 사랑할 때〉의 조감독이었던 박누리 감독의 데뷔작이다. 〈신세계〉〈검사외전〉〈보안관〉 등의 흥행작을 보유한 '사나이픽처스'와 '영화사 월광'의 합작이다.

암수살인 暗數殺人

감독 : 김태균

제작 : (주)필름295 / (주)블러썸픽쳐스

주연배우 : 김윤석, 주지훈

줄거리 : 감옥에 갇힌 살인범이 숨겨왔던 7건의 추가 살인을 자백하며 시작되는 형사(김윤석)와 살인범(주지훈)의 치열한 심리 대결을 다룬 범죄 스릴러다.

특징 : '암수범죄(해당 범죄가 실제로 발생했으나 수사기관이 인지하지 못하거나 수사기관 이 인지해도 용의자 신원 파악 등이 되지 않아 공식적으로 범죄 통계에 집계되지 않은 범죄)' 라는 독특한 소재를 다룬 영화다. 김태균 감독이 10년 동안 각고의 노력을 기울 여 완성한 작품이다. 김성훈 감독이 7년 동안 준비해 극찬을 받았던 〈끝까지 간 다〉처럼 김태균 감독도 그 뒤를 이을지 주목된다.

창립 10주년, 연상호 감독 〈염력〉,
초대형 전쟁 블록버스터 〈안시성〉으로 영광 재현하려는 NEW

/

2018년은 창립 10주년을 맞는 NEW가 공들여 기획한 콘텐츠를 모두 만날 수 있는 한 해가 될 것이다. 설에는 연상호 감독의 차기 작 〈염력〉, 여름에는 김성훈 감독·현빈의 두 번째 만남 〈창궐〉, 연말 겨울 시장은 스튜디오앤뉴의 첫 제작 영화, 초대형 전쟁 블록버스터 〈안 시성〉을 만나볼 수 있다.

'히트작의 명가' 용필름의 〈독전〉, '따뜻한 감성의 히트메이커' 강형

창립 10주년을 맞은 NEW의 설 개봉 영화 〈염력〉.

철 감독의 뮤직 휴먼 드라마 〈스윙키즈〉, '말맛의 연금술사' 이병헌 감독의 차기작 〈바람바람바람〉과 '생활밀착' 현실감 넘치는 스릴러 〈목격자〉, 여성들의 위대한 감동 실화 〈허스토리〉까지 시대를 아우르는 대작과 의미 있는 기획이 돋보이는 작품을 필두로, 〈마당을 나온 암탉〉 제작진의 차기작 〈언더독〉 등 다양한 볼거리를 책임질 애니메이션까지 제대로 갈고 닦은 '적재적소에 배치된 완벽한 라인업'이 관객과 만날 계획이다.(양지혜 홍보팀장)

염력

감독 : 연상호

제작 : 레드피터

주연배우 : 류승룡, 심은경, 박정민, 김민재, 정유미

줄거리 : 우연히 상상초월의 초능력을 얻게 된 남자 신석헌(류승룡)이 모든 것을 잃을 위기에 놓인 딸 신루미(심은경)를 구하기 위해 세상을 놀라게 할 염력을 발휘하며 펼쳐지는 이야기다.

특징 : 전 세계 좀비 신드롬을 불러일으킨 〈부산행〉 연상호 감독의 차기작으로 이번엔 초능력이다. 한계를 넘어선 놀라운 능력이 펼쳐진다. 본격 한국형 히어로 무비의 탄생을 예고한다.

바람바람바람

감독 : 이병헌

제작 : 곰픽쳐스

주연배우 : 이성민, 신하균, 송지효, 이엘

줄거리 : 눈이 가로로 내릴 정도로 바람이 강한 제주도에서 태풍보다 더 위험한 바람을 맞이하게 된 두 커플의 '바람'직한 코미디 영화다.

특징 : 〈스물〉을 통해 충무로에 신선한 '바람'을 몰고 온 '말맛 연금술사' 이병헌 감독이 보여주는 두 번째 코미디다.

독전

감독 : 이해영

제작 : 용필름

주연배우 : 조진웅, 류준열, 김주혁, 그리고 차승원

숨막히는 암투와 추격을 그린 범죄 액션극 〈독전〉.

줄거리 : 대한민국 최대 마약 조직의 보스 '이선생'을 잡기 위해 펼쳐지는 숨 막히는 암투와 추격을 그린 범죄 액션극이다. 얼마 전 세상을 떠난 배우 김주혁의 유작이기도 하다.

특징 : 히트메이커 용필름의 신작이다. 충무로 최고의 시나리오로 주목받은 탄탄한 기획으로 대세 배우들의 멋진 앙상블을 볼 수 있을 것이다.

창궐

감독 : 김성훈

제작 : 리양필름

주연배우 : 현빈, 장동건, 조우진, 김의성, 정만식

줄거리 : 밤에만 활동하는 '야귀夜鬼'의 창궐을 막고 조선을 구하기 위한 이청(현빈)의 사투를 그린 액션 블록버스터다.

〈공조〉의 김성훈 감독과 배우 현빈이 다시 만난 〈창궐〉.

웃음과 감동의 뮤직 휴먼 드라마 〈스윙키즈〉.

특징 : 2017년 상반기 흥행작 〈공조〉의 김성훈 감독과 배우 현빈이 다시 만났다. '야귀'라는 신선한 소재와 충무로 최고 배우들이 한자리에 모인 것만으로도 기대를 모은다.

스윙키즈

감독 : 강형철

제작 : 안나푸르나필름

주연배우 : 도경수, 박혜수

줄거리 : 1951년 한국전쟁 중 북한군과 중공군 포로를 집단 수용했던 거제 포로 수용소를 배경으로 우연히 탭댄스에 빠져든 북한군 '로기수'와 각기 다른 사연과 꿈을 안고 춤을 추게 된 오합지졸 댄스단 '스윙키즈'의 이야기를 그린다.

특징: 〈써니〉 강형철 감독의 차기작! 웃음과 감동의 뮤직 휴먼 드라마!

안시성

감독 : 김광식

제작 : 스튜디오앤뉴

주연배우 : 조인성, 남주혁, 박성웅, 배성우, 엄태구, 김설현

줄거리 : 중국 당태종의 대군에 맞서 치열하게 싸운 안시성 성주 양만춘의 88일 간의 전투를 담아낸 초대형 전쟁 블록버스터다.

특징 : 동아시아 역사상 가장 치열했던 전투. 당나라를 상대로 기적 같은 승리를 거두었던 안시성 전투를 최초로 영화한 작품이다.

안시성 전투를 담아낸 초대형 전쟁 블록버스터 〈안시성〉.

하정우, 마동석, 김용화 감독의 〈신과 함께 2〉로
흥행 영광 다시 노리는 롯데엔터테인먼트

/

최근 한국 영화에서 이렇다 할 트렌드를 파악하기란 쉽지 않다. 특히 젊은 관객들은 취향이 분명하고 다양해서 한두 줄기의 성향으로 읽기 어렵다. 다만 한국 사회에 존재하는 피로와 번아웃이라는 코드가 영화에도 지속적으로 영향을 미칠 것이다.

통쾌함과 쾌감이 살아 있는 영화가 지속적으로 인기를 누리며 관객들의 마음을 사로잡으리라 예측된다. 또한 휴머니즘이 살아 있는 따뜻한 영화가 관객들의 마음을 어루만져줄 것이다.(강동영 홍보팀장)

흥부

감독 : 조근현

제작 : 영화사궁 / 발렌타인필름

주연배우 : 정우, 김주혁

줄거리 : 조선 헌종 재위 당시 양반들의 권력다툼으로 백성의 삶은 갈수록 힘들어지는 환란 속에서 새로운 세상을 향한 변화를 꿈꾸는 이야기다. 시대를 초월해 사랑받은 고전 〈흥부전〉을 새롭게 재해석했다.

특징 : 배우 정우의 첫 사극 도전이자, 고故 김주혁이 백성을 돌보는 지혜로운 양반 '조혁'으로 분해 작품에 깊이를 더한다.

시대를 초월해 사랑받은 고전 〈흥부전〉을 재해석한 〈흥부〉.

러브슬링

감독 : 김대웅

제작 : 안나푸르나필름

주연배우 : 유해진, 김민재

줄거리 : 레슬링 선수인 아버지와 아들, 그리고 이웃의 이야기를 유쾌하게 그린

가족영화다.

특징 : 〈택시운전사〉로 또 한 번 '천만 배우'가 된 유해진 특유의 유쾌함이 살아

있는 성장 코미디다.

지금 만나러 갑니다

감독 : 이장훈

제작 : (주)무비락

유해진 특유의 유쾌함이 살아 있는 성장 코미디 〈러브슬링〉.

주연배우 : 소지섭, 손예진

줄거리 : 1년 후 비가 오는 날 다시 돌아오겠다는 믿기 힘든 약속을 남기고 세상을 떠난 아내가 기억을 잃은 채 남편과 아들 앞에 다시 나타나면서 시작되는 이야기다.

특징 : 동명의 일본 영화를 한국 정서에 맞게 재해석한 작품으로, 배우 소지섭과 손예진이 첫 커플 연기에 도전한다.

신과 함께 2

감독 : 김용화

제작 : 리얼라이즈픽쳐스 / 덱스터 스튜디오

주연배우 : 하정우, 마동석

줄거리 : 수홍과 새로운 재판을 진행하는 저승사자 삼차사의 인과연, 그리고 현

2017년 12월 20일 개봉하는 〈신과 함께〉.

세의 사람들을 돕는 성주신과의 새로운 이야기다.

특징 : 2017년 12월 20일 개봉하는 〈신과 함께〉의 후속 작품이다.

상류사회

감독 : 변혁

제작 : 하이브미디어코프

주연배우 : 박해일, 수애

줄거리 : 미술관 부관장과 정치계에 입문한 교수 부부의 상류사회로 들어가기 위한 욕망과 그들만의 사회에 대한 이야기다.

특징 : 독창적 스토리와 감각적 비주얼의 변혁 감독의 10년 만의 상업 영화 연출 작품이다.

완벽한 타인

감독 : 이재규

제작 : 필름몬스터

주연배우 : 조진웅, 유해진

줄거리 : 서로를 잘 알고 있다고 생각하는 친구들과 배우자들이 저녁식사를 하면서 식사 시간 동안 서로의 휴대폰을 공유하는 게임을 하며 드러나는 각자의 은밀한 비밀 이야기다.

특징 : 이탈리아 영화 〈퍼펙트 스트레인저스Perfetti Sconosciuti〉를 리메이크한 작품이다.

심혈 기울인 시나리오로 소문난 조승우 주연의 〈명당〉으로
승부수 던지는 메가박스(주)플러스엠

/

     2018년 메가박스㈜플러스엠의 라인업 중에서 가장 주목할 영화는 〈명당〉과 〈변산〉을 꼽고 싶다. 라인업의 경향을 한마디로 표현한다면 '다양성'이라고 할 수 있다. 무조건 큰 영화가 좋은 영화는 아니기에, 메가박스㈜플러스엠에서는 영화의 규모뿐만 아니라 타사와는 차별화되는 다양한 소재의 영화들을 선보이려 한다. 따라서 2018년 라인업의 목표는 관객의 다양해진 영화 소비 성향 흐름에 맞는, 다양한 양질의 콘텐츠를 보여주는 것에 있다. (한세진 영화마케팅팀 팀장)

리틀 포레스트

감독 : 임순례

제작 : ㈜영화사 수박

주연배우 : 김태리, 류준열, 문소리, 진기주

줄거리 : 고단한 도시의 삶에 지쳐 고향으로 내려온 혜원(김태리)이 사계절의 자연 속에서 오랜 친구인 재하(류준열)와 은숙(진기주), 그리고 직접 만든 음식을 통해 과거의 기억과 상처를 치유해나가는 힐링 드라마다.

특징 : 임순례 감독의 차기작으로 대세 배우 류준열, 김태리, 신예 진기주가 합류, 한국 시골 마을의 아름다운 사계절 풍광과 함께 맛있는 음식들을 스크린에 선보일 예정이다.

변산

감독 : 이준익

제작 : 변산문화산업전문유한회사

주연배우 : 박정민, 김고은

줄거리 : 도통 되는 일이라곤 없는 무명 래퍼 학수(박정민)가 한 통의 전화를 받고 고향 변산으로 돌아가, 초등학교 동창 선미(김고은)를 만나게 되면서 벌어지는 웃음과 감동의 이야기를 그린 작품이다.

특징 : 〈사도〉 〈동주〉 〈박열〉에 이은 이준익 감독의 열세 번째 작품. 힙합이라는 신선한 소재를 웃음과 감동이 어우러진 작품으로 그려내며 전 세대의 공감대를 자아낼 예정이다.

힙합이라는 신선한 소재로 전 세대 공감대를 노리는 이준익 감독의 〈변산〉.

명당

감독 : 박희곤

제작 : ㈜주피터필름

주연배우 : 조승우, 지성, 김성균, 백윤식, 문채원

줄거리 : 두 명의 왕을 배출할 '천하길지 대명당'을 둘러싼 욕망과 암투를 통해 왕이 되고 싶은 자들의 묏자리 쟁탈전을 그린다.

특징 : 〈관상〉 〈궁합〉을 잇는 '역학 3부작'의 마지막 시리즈. 기획부터 시나리오 완성까지 총 7년 이상 공들인 작품으로 〈관상〉 이후 최고의 시나리오라는 극찬으로 충무로를 들썩이게 한 작품이다.

기묘한 가족

감독 : 이민재

제작 : 씨네주 / 오스카10스튜디오

주연배우 : 정재영, 김남길, 엄지원

줄거리 : 어느 날 갑자기 나타난 정체불명의 특별한 놈(?)으로 인해 개성 넘치는 가족과 조용했던 시골 마을이 발칵 뒤집히게 되면서 벌어지는 기상천외한 코미디다.

특징 : 정재영, 김남길, 엄지원, 이수경, 정가람, 박인환 등 충무로 연기파 배우들의 조합, 유쾌하고 기발한 소재로 2018년 가장 신선한 코미디의 탄생을 예고하는 작품이다.

MEMO

MEMO

MEMO

뉴미디어와 콘텐츠의 결합

대중문화 트렌드
2018

ⓒ 강일권, 권석정, 차우진, 정덕현, 모신정, 2017

초판 1쇄 인쇄 | 2017년 12월 20일
초판 1쇄 발행 | 2017년 12월 25일

지은이 | 강일권, 권석정, 차우진, 정덕현, 모신정
발행인 | 정은영
책임편집 | 한미경
디자인 | 디자인붐
사진제공 | YMC엔터테인먼트, 민트페이퍼, 하이어뮤직, 메이크어스엔터테인먼트, JTBC,
         CJ E&M, CJ엔터테인먼트, 쇼박스, NEW, 롯데엔터테인먼트, 메가박스(주)플러스엠
         키위미디어그룹, 리틀빅픽처스

펴낸곳 | 마리북스
출판등록 | 제 2010-000032호
주소 | (121-904) 서울시 마포구 월드컵북로 400 문화콘텐츠센터 5층 21호

전화 | 02)324-0529, 0530
팩스 | 02)3153-1308
Email | mari@maribooks.com
인쇄 | (주)현문자현

ISBN 978-89-94011-76-9 (03320)